中国现代财税金融体制建设丛书

吴晓求 庄毓敏 主编

现代货币政策调控体系建设

张成思 著

中国人民大学出版社
·北京·

总 序

中国式现代化的经济基础与财政金融的作用*

吴晓求

党的十九届五中全会提出要"建立现代财税金融体制",党的二十大报告对中国式现代化的内涵进行了全面而深刻的阐述,凸显了建立现代财税金融体制的重要性。现代财税金融体制建设包含宏微观金融体制建设和财税体制建设。其中,宏微观金融体制建设主要涉及现代中央银行制度、现代货币政策体系、现代宏观审慎政策及监管框架、现代商业银行制度、现代保险制度、现代资本市场、现代公司金融制度以及现代信用风险管理等内容,财税体制建设主要涉及现代预算制度、现代税收制度以及政府间财政关系等内容。中国人民大学财政金融学院组织专家学者对上述问题展开深入研究,形成了"中国现代财税金融体制建设丛书",以期为中国式现代化建设贡献智慧。谨以此文作为这一丛书的总序。

中国式现代化内涵丰富,下面重点从经济和财政金融的角度,对中国式现代化的经济基础和财政金融的作用做一些粗浅的分析。

一、如何理解中国式现代化

党的二十大报告对中国式现代化做了准确而全面的概括:中国式

---

* 此文曾发表在 2022 年第 4 期的《应用经济学评论》上,作为本丛书总序,作者对其做了一些增减和修改。

现代化是人口规模巨大的现代化,是全体人民共同富裕的现代化,是物质文明和精神文明相协调的现代化,是人与自然和谐共生的现代化,是走和平发展道路的现代化。同时党的二十大报告强调指出,中国式现代化是中国共产党领导的社会主义现代化,这既体现了国际社会公认的现代化的基本内涵,又体现了中国特色。这同我们所走的中国特色社会主义市场经济发展道路一样:既体现了市场经济的一般原则,具有现代市场经济的基本内涵,又是人类社会探索市场经济发展道路的一种新形式。我们不是模仿、照抄以美国为代表的西方发达国家所走过的市场经济发展道路,而是根据中国国情进行创造性探索。中国式现代化同中国特色社会主义市场经济一样,既体现了国际社会的共识和人类社会的文明成果,又走了一条中国式的发展道路。实践表明,把普遍原理与中国国情相结合,是我们成功的法宝。

中国式现代化体现了中华民族的智慧——勤于学习、善于改造、敢于创新,同时又充分吸收了人类文明的优秀成果。人类文明的优秀成果是我们理论创新的起点。创新不是空穴来风,不是海市蜃楼,而是要以人类对已有文明成果的积累和丰富的实践为基础。中国式现代化这一概念就是基于这样的思考而提出的。

中国式现代化,首先有国际社会一般认知的现代化内涵。国际社会所认知的现代化有多重指标。在这多重指标中有一个核心指标,那就是现代化国家首先应是一个发达国家,是发达国家当然也就是高收入国家。所以,成为高收入国家、发达国家是实现中国式现代化的前提条件。我们要实现中国式现代化,首先就要进入高收入国家行列并成为发达国家。

世界银行、国际货币基金组织等权威国际机构对高收入国家、发达国家都有自己的定义。例如,2021年世界银行公布的高收入国家的经济指标门槛是人均国民总收入(GNI)12 695美元,国际货币基金组织公布的发达国家的经济指标门槛是人均国内生产总值(GDP)2万美元。2021年中国GDP为114.92万亿元人民币,按照当时的汇率计算，中国人均 GDP 已达 12 551 美元。2021 年中国人均 GNI 为 11 890 美元，中国居上中等收入国家行列。

国际上现有的发达国家均首先跨越了人均 GDP 这一经济指标的门槛。除此之外，要成为发达国家，还必须达到生态环境、人均预期寿命、教育水平、法制基础、贫富差距、社会公平、创新能力和国际影响力等方面的一系列社会指标标准。所以，中国式现代化的实现过程也就是经济社会全面发展的过程，而不是单一指标的突进。

过去，我们赖以生存的环境包括土壤、空气和水资源都受到了不同程度的污染。改善环境，走绿色发展之路是我们未来面临的艰巨任务。中国人均预期寿命现在处在世界先进行列。自新中国成立以来，我们在这方面取得了举世瞩目的成就。在新中国成立之前，中国人均预期寿命很短，不到 40 岁。那个年代战争频发、经济发展水平低、粮食供应不足、医疗卫生体系落后，人均预期寿命短。2021 年，中国人均预期寿命为 78.2 岁，女性比男性略高。在人均预期寿命这一指标上，中国进入了发达国家行列。虽然人均预期寿命较高，但中国的医疗资源相对短缺，医疗卫生体系相对脆弱。我们要大力改善医疗卫生体系，提升人们的健康水平，让所有人都能得到应有的医疗保障。

我国一直在努力提高教育水平，改善教育条件，但我国的教育状况与中国式现代化的要求还有较大差距。让适龄儿童和青少年接受良好的教育仍然是我国教育面临的最大任务之一。我们要着力改善基础教育，进一步完善义务教育制度，这是实现现代化的重要举措。我们要对农村偏远地区的基础教育加大投入，让每个适龄儿童和少年都能上得起学。

法制建设要进一步改善。自党的十八大以来，中国法制建设取得了长足进步。我国颁布了《中华人民共和国民法典》，这是中国法制建设的重要标志，为保护财产权、保障市场主体的平等地位提供了坚实的法律保障。自党的十八大以来，中国的反腐败行动取得了历史性进步，清洁了社会环境，积极培育和践行社会主义核心价值观。但中国的法制观念、法治化水平与中国式现代化的标准还有较大差距。一些地方乱作为、胡作为的现象时有发生，一些和法律精神相抵触、相背离的政策仍然存在。中国式现代化一定是法制建设的现代化，是法治国家的现代化。

中国式现代化还必须有极强的创新能力。没有创新能力，经济社会就会停滞，经济增长和社会发展就会缺乏源源不断的动力。创新是一个国家现代化的重要保障。世界上有些国家曾经接近、达到甚至超过发达国家的起点标准，但是由于创新能力不足，腐败严重，加上政策严重失误，因而停留在或退回到中等收入国家行列，学术界把这种现象称为"中等收入陷阱"。历史上，在迈向现代化国家的过程中，有些国家要么迈不过去，落入"中等收入陷阱"，要么短期跨越了"中等收入陷阱"，一度成为高收入国家，但在较短时间内又退回到中等收入国家行列。我们要总结这些国家的教训，避免走弯路、进"陷阱"，防止出现它们的失误和曲折。

从历史经验看，创新机制和创新能力对一个国家迈向发达国家极为重要。这里的创新指的是多方面的创新。首先是技术创新。中国要建成现代化国家，经济结构转型和基于技术进步的产业迭代是基本路径。我们不能停留在低端产业，也不可能通过资源型企业把中国带入现代化。我们必须进行技术创新，推动产业升级换代，提升经济竞争力。中国经济的竞争力在于技术进步和高科技产业发展。

除了技术创新外，观念创新、制度创新、模式创新、组织创新都非常重要。我们面对的是越来越不确定的未来，高科技企业的商业模式、组织模式需要创新。试图用传统产业的模式去发展高科技产业，那肯定是行不通的。不少人只意识到了技术创新的重要性，没有意识到观念创新、制度创新、模式创新、组织创新的重要性。实际上，这些创新都是中国式现代化创新的重要内涵。

中国是一个人口规模巨大的国家，其现代化一定会改变全球格局，对全球产生巨大而深远的影响。我们所追求的现代化是中国式的，有鲜明的中国特征。党的二十大报告把中国式现代化的特征概括为五点，这五点中最引起人们关注的是全体人民共同富裕的现代化。

共同富裕是中国特色社会主义的本质要求，体现了中国共产党人的初心使命。从中国共产党成立那天起到1949年中华人民共和国成立，再到1978年改革开放，再到党的二十大，在每个时期，实现全体人民共同富裕都是我们的目标，这个目标从来没有动摇过。1955年，毛泽东同志指出，富是共同的富，强是共同的强。1990年，邓小平同志指出，共同致富，我们从改革一开始就讲，将来总有一天要成为中心课题。共同富裕一开始就在邓小平同志改革开放的战略设计中。习近平总书记指出，共同富裕是中国特色社会主义的根本原则，所以必须使发展成果更多更公平惠及全体人民，朝着共同富裕方向稳步前进。

让中国人民富起来，实现共同富裕，是中国共产党人的初心使命的重要体现，对于这个目标，中国共产党人从来没有动摇过。今天我们所要实现的中国式现代化，一定是全体人民共同富裕的现代化，我们一直都在朝着这个目标努力。

二、中国式现代化的经济基础

要实现中国式现代化，首先必须成为高收入国家，成为发达国家，所以保持经济的可持续增长就成了当前乃至未来相当长时期内的重要任务。只有保持经济的可持续增长，财富才能源源不断地被创造出来，中国式现代化才可能实现。

这里有一个基本判断：什么样的体制和政策能使经济处在可持续增长中？我认为，中国特色社会主义市场经济体制是中国经济可持续增长最重要的体制基础，继续深化改革、不断推进高水平开放是中国经济可持续增长最重要的政策取向。中国特色社会主义市场经济是现代市场经济的一种业态、一种新的探索形式，体现了市场经济的一般原理。

　　市场经济是建立在分工和交易的基础上的。分工是市场经济存在的前提，没有分工就没有市场，没有市场就没有公允的价格，也就没有公平的交易。没有分工、没有市场、没有交易，那就是自然经济。自然经济不可能让人类社会富裕起来，只有基于分工和交易的市场经济，才能大幅度提高劳动生产率，才能源源不断地创造出新的财富。只要我们继续坚持中国特色社会主义市场经济体制，就能够把财富源源不断地创造出来，因为它是基于分工的，市场是自由的，价格是公允的，交易是公平的，市场主体的地位是平等的。

　　改革开放前的中国是一个贫穷落后的国家，大多数人处在贫困状态。改革开放后，我们选择了一条市场经济道路，人民开始富裕起来了。我们所走的市场经济道路，不是自由市场经济道路，而是中国特色社会主义市场经济发展道路。改革开放后，我们要迅速摆脱贫困，让老百姓能够吃饱饭，但是按自然演进的市场经济模式难以快速实现这一目标。后发国家有后发优势，可以学习、借鉴发达国家的经验，实现经济的跨越式发展。一段时间以来，我们重视引进外资，重视引进国际先进技术，重视学习和借鉴国际先进经验，在此基础上探索自己的发展道路。

　　要实现跨越式发展，除了必须尊重分工、自由的市场、公允的价格、公平的交易和市场主体的平等地位外，一个很重要的机制就是要发挥并优化政府的作用。改革开放40多年来，各级政府在中国经济社会发展中起着特别重要的作用，这是中国经济发展模式的重要特征。举例来说，中国的地方政府在经济发展和现代化建设中起到了重要的作用，地方政府大力招商引资，高度重视经济建设。又如，各类工业园区、技术开发区的设立也是中国特色。存量改革阻力很大，要对老工业城市和老工业基地进行市场化的存量改革非常困难。地方政府根据中央的精神，制定自己的发展战略，建立各种工业园区、技术开发区，引进资本和新技术，以增量活力引导存量改革。再如，中央政府的"五年规划"以及经济特区、区域经济发展战略对中国经济发展发挥了顶层设计和引领的作用。上述特征都是中国特色社会主义市场经济体制的重要体现。

在中国式现代化的实现过程中，我们必须进一步推进市场化改革、推动高水平开放。市场化改革和中国特色社会主义市场经济模式在方向上是完全一致的。只有不断深化市场化改革，才能不断完善中国特色社会主义市场经济模式。

我们制定了"双循环"发展战略，这是基于中国国情和中国实际情况以及全球形势变化而做出的战略转型。"双循环"发展战略强调以内循环为主，内循环和外循环协调发展，但这绝不是否认外部需求对中国经济发展的重要作用。实际上，推动高水平开放在今天仍然至关重要。习近平总书记指出，改革开放是中国共产党的一次伟大觉醒，不仅深刻改变了中国，也深刻影响了世界。今天中国虽然已经发展起来了，资本充盈甚至有些过剩，但对外开放仍然是很重要的，要高度重视外资和外国先进技术的引进，重视外部市场的拓展。

2001年12月，中国加入WTO，这是中国经济在近现代第一次全面融入国际经济体系。这种对外部世界的开放和融合，使中国经济发生了根本性变化。中国的实践表明，对外开放对中国式现代化的实现具有巨大而深远的影响。

要实现中国式现代化，必须实现全体人民的共同富裕。共同富裕一直是我们追求的目标，从未动摇。在我的理解中，实现共同富裕要处理好三个关系。

首先，要保护并优化财富创造机制。要让社会财富不断地丰盈起来，就必须共同奋斗，不存在"等靠要"式的"躺平"。"等靠要"与共同富裕毫无关系。共同富裕一定是每个人都很努力，共同创造可以分配的增量财富。没有增量财富，存量财富很快就会枯竭。每个人都要努力地创造增量财富，不能只盯着存量财富。中国还不是高收入国家，只是刚刚全面建成小康社会的上中等收入国家。要让人民越来越富裕、社会财富越来越多，高效率的财富创造机制是关键。

其次，要进一步改革收入分配制度。收入分配制度改革的基本着力点是适度提高劳动者报酬，在再分配环节更加注重公平。我们要让低收入阶层、贫困家庭过上正常的生活，通过转移支付、救济等方式保障他们的基本生活。要实现基本公共服务均等化。转移支付、困难补助、救济等都是再分配的重要内容。党的二十大报告专门强调要规范收入分配秩序，意义深远。

最后，要形成有效的财富积累机制。有效的财富积累机制是下一轮经济增长和财富创造的重要前提。没有财富的积累，就难以推动下一轮经济增长。党的二十大报告提出要规范财富积累机制，这蕴含了深刻的含义。

财富积累除了另类投资外，主要有四种方式：

一是将现期收入减去现期消费之后的剩余收入，以居民储蓄存款的形式存入银行。这是大多数中国人财富积累的主要方式。

二是投资风险性金融资产，比如股票、债券、基金等。投资这种风险性金融资产是现代社会财富积累的重要方式，是未来财富积累的主流业态。

三是创业。创业的风险比前两种财富积累方式要大得多，存在巨大的不确定性。创业不成功，投资就会失败。创业一旦成功，财富就会按几何级数增长。在这里，收益与风险是相互匹配的。政策应鼓励人们去创业、创造，这是财富增长最坚实的基础。

四是投资房地产。2004年以后，中国房地产业发展速度惊人，房价飞涨。在10年左右的时间里，一线城市的房价涨了20倍以上。投资房地产在一个时期成了人们财富积累的重要方式。

如何理解规范财富积累机制？

我认为，第一，要完善法制，让人们的财产权和存量财富得到有效保护。第二，必须关注财富积累方式的调整。畸形的房地产化的财富积累方式，给中国经济和金融体系带来了潜在的巨大风险和危机。

中国居民的资产有百分之六七十都在房地产上,这是不正常的。规范财富积累机制是金融结构性改革的重点。过度投资房地产的财富积累方式,应是规范的重点。

三、财政金融在中国式现代化中的作用

在中国式现代化的建设进程中,财政金融的作用十分关键。

(一)财政的作用

中国式现代化不仅要求经济可持续增长,还要求增长成果更好地惠及全体人民、实现共同富裕。财政政策在这两个方面均可以发挥积极的作用。首先,财政政策是推动经济可持续增长的重要手段。我们知道,经济可持续增长要求有良好的基础设施,包括交通等经济基础设施和教育医疗等社会基础设施。就经济基础设施而言,我国交通等传统基础设施已经实现了跨越式发展,而大数据中心、人工智能、工业互联网等新型基础设施还较为薄弱,需要各级政府加大财政投资力度,尽快建设能够提供数字转型、智能升级、融合创新等服务的新型基础设施体系。教育医疗等社会基础设施在很大程度上决定了一个国家的人力资本水平,构成了经济可持续增长的重要动力源泉,也决定了增长的成果能否更好地惠及全体人民。在这方面,我国的缺口还比较大,与人民的期许还有较大的距离,因此需要各级政府加大对教育医疗等领域的财政投入力度。

技术创新同样离不开财政政策的支持。技术创新充满了不确定性和风险,但也存在很大的正外部性,完全依靠市场和企业往往是不足的。这就需要政府利用财政补贴和税收优惠等措施来为企业分担风险,以激励企业更好地进行技术创新,推动技术进步。

其次,财政政策是促使增长成果更好地惠及全体人民、实现共同

富裕的重要手段。共同富裕不仅需要解决绝对贫困问题，也需要缩小收入分配差距。自党的十八大以来，我国高度重视绝对贫困问题，实施了精准扶贫战略，消除了绝对贫困，取得了彪炳史册的巨大成就。今后，在中国式现代化的实现过程中，还需要加大财政政策支持力度，切实防止规模性返贫。

缩小收入分配差距，实现收入分配公平，需要在保障低收入者基本生活的基础上增加低收入者的收入，扩大中等收入群体，并调节过高收入。保障低收入者基本生活的重点在于完善社会保障体系，充分发挥社会保障体系的兜底作用，在这方面既要尽力而为，又要量力而行。增加低收入者的收入、扩大中等收入群体的重点在于坚持多劳多得，鼓励勤劳致富，促进机会公平，完善按要素分配政策制度，探索多种渠道增加中低收入群众要素收入，多渠道增加城乡居民财产性收入。调节过高收入的核心在于完善个人所得税政策，充分发挥个人所得税的收入调节作用，但也需避免对高收入者工作努力和投资努力等的过度抑制。

最后，实现共同富裕还需要着力解决好城乡差距较大和区域发展不平衡等突出问题，这同样离不开财政政策。就中国的实际情况来看，解决好城乡差距问题的核心在于乡村振兴。我国的农村基础设施和农业技术创新还比较薄弱，这是乡村振兴面临的瓶颈，需要加大财政投入力度，着力加以破解。区域发展不平衡的原因有很多，而基本公共服务不均衡无疑是其中重要的一个。这就要求完善政府间转移支付制度，加大均衡性转移支付，促进财政横向均等化。

中国式现代化需要国家治理体系和治理能力现代化为之"保驾护航"。党的十八届三中全会明确提出，财政是国家治理的基础和重要支柱。由此来看，财政的现代化是中国式现代化的一个基础性和支柱性要素。我认为，要实现财政的现代化，需要着力推进以下三个方面的改革：

（1）财政政策的现代化。首先，需要进一步处理好政府与市场的关系，明确市场经济条件下政府的职能定位以及政府干预的合理边界，使市场在资源配置中起决定性作用，同时更好发挥政府作用。其次，需要进一步统筹好发展与安全，要充分发挥财政政策在促进经济社会发展中的积极作用，也要着力确保财政可持续性，防范化解财政风险，尤其是地方政府债务风险。最后，需要进一步完善财政政策体系和治理机制，促进中长期战略规划和短期相机抉择政策，以及总量治理（需求侧）和结构治理（供给侧）的有效协同，提升财政政策的治理效能。

（2）政府间财政关系的现代化。中国式现代化的实现需要中央与地方各级政府的共同努力，现代化的政府间财政关系对于有效调动中央与地方两个积极性是至关重要的。而且，科学合理的政府间财政关系也是规范各级政府行为、构建良好的政府与市场关系的前提与基础。这需要进一步深化改革，构建起目标兼容、激励相容的现代财政体制。其中的关键是要确定科学、合理、清晰的财政事权与支出责任划分、财政收入划分以及财政转移支付制度，形成一个财政收支责任更为匹配，有利于兼顾中央与地方利益、确保分权制度效率和控制道德风险的制度安排，最终实现权责清晰、财力协调和区域均衡的目标。

（3）财政制度的现代化。党的十九大报告强调要加快建立现代财政制度。预算制度的现代化是现代财政制度的重要构成，是推进中国式现代化的重要保障。这其中的重点是进一步推进预算制度的科学规范、公开透明和民主监督。税收制度的现代化也是现代财政制度的重要构成，需要进一步深化改革，且改革的重点应放在公平税制、优化税种结构、健全相关法律法规、完善征管体系上。

（二）金融的作用

我们知道，中国式现代化首先是要确保经济的可持续增长，使增量财富源源不断地被创造出来，这就意味着经济增长要有可持续性。

要实现中国经济的可持续增长，就必须推动经济结构转型，促进科技进步，实现产业升级乃至产业迭代。基于科技进步的产业迭代是未来中国实现现代化的先导力量，寄希望于借助传统产业和资源型企业让中国实现现代化，那是不可能的。

我们必须着力推动科技创新、技术进步、产业升级和产业迭代。但是，从新技术到新产业的转化充满了不确定性或风险。一方面，新技术、新产业没有既成的足够的需求，没有确定的市场；另一方面，它们又会受到传统产业的打压和阻挠，所以新技术变成新产业的过程充满了不确定性。这种不确定性超出了单个资本的风险承受边界，更超出了创业者的风险承受边界。社会需要一种机制来分散从新技术向新产业转化过程中的巨大风险。

分散风险必须进行有效的资源配置，这就需要进行金融创新。没有金融创新，从新技术向新产业转化的速度就会减缓，效率也低。回望 20 世纪 80 年代，美国和日本的产业竞争力差不多，后来美国之所以大幅度超越日本，就是因为金融创新起到了重要推动作用。硅谷的成功既是科技和产业结合的典范，也是金融创新的硕果。没有金融创新，就不太可能有硅谷。大家只看到高科技、新产业，没有看到金融创新在其中所起的孵化和促进作用，它发挥着分散风险的功能。如果我们只停留在传统金融占主导的金融模式中，实现中国式现代化将会遇到很多困难。

在中国，金融必须承担起推动科技创新、技术进步、产业升级和产业迭代的任务。所以，金融创新呼之欲出、应运而生。无论是基于脱媒力量的金融变革，还是基于科技进步的金融创新，目的都是拓展资本业态、金融业态的多样性。金融创新的结果是金融的结构性变革和金融功能的全方位提升，实现金融功能由单一走向多元。金融功能的多元化和金融业态的多样性，是现代金融的基本特征。

金融要服务于实体经济，很重要的是要服务于代表未来发展方向的实体经济。金融的使命不是复制历史，而是创造未来。如果金融只是保护传统、复制历史，这种金融就是落后的金融。如果金融关注的是未来，金融业态的多样性就会助力产业的升级换代。一个现代化国家经济的竞争力，在于科技的力量、金融的力量，而不在于其他。

资本业态的多样性是金融业态多样性最富有生命力的表现。从天使投资、风险投资/私募股权投资（VC/PE）到各种功能多元的私募基金和多种新资本业态的蓬勃发展，都是金融创新的重要表现。

金融服务于实体经济，不仅要满足实体经济对融资的需求，还要满足社会多样化的财富管理需求。随着居民收入水平的提高，社会对财富管理的需求日益多样，需要有与其风险偏好相适应的资产类型。越来越多的人倾向于通过市场化的资产组合进行财富管理，以获得超过无风险收益率的风险收益率。所以，金融体系必须创造具有成长性的风险资产，风险资产的背后是风险收益。满足居民日益多样化的财富管理需求，也是金融服务于实体经济的重要内容。

中国式现代化有一个基本元素，就是金融的现代化。如果金融是传统的，那么说中国实现了现代化，恐怕就要打折扣。所以，中国式现代化当然包括中国金融的现代化。金融的现代化一定包括金融功能的多元化。融资、财富管理、便捷支付、激励机制、信息引导等都是金融的功能，金融体系必须充分发挥这些功能。

金融的现代化意味着金融普惠程度的提高。一个缺乏普惠性的金融很难说是现代化的金融。如果金融只为富人、大企业服务，忽略小微企业的融资需求，忽略中低收入阶层的财富管理需求，这种金融仍然不是现代化的金融。

要实现中国金融的现代化，我们必须着力推进以下三个方面的改革：

（1）进一步深入推进市场化改革。市场化改革最重要的是完成金融结构的转型，其中金融功能结构的变革最为重要。我不太关注金融机构体系，而十分关注金融的功能结构。商业银行的传统业务是存、贷、汇，现代商业银行也有其新的功能，如财富管理。处在靠传统利差生存阶段的商业银行是没有竞争力的，市场估值很低。为什么我们的上市银行盈利很高，在资本市场上估值却很低？这是因为它们功能单一，创新不足。这表明，中国商业银行的创新和转型极为重要。市场化改革最大的任务就是要实现金融功能的多元化。

（2）大幅度提高科技水平。没有科技水平的提高，中国金融的发展就只能走老路，只能步发达国家后尘。我们仅靠脱媒和市场化机制去改革金融体系是不够的，还必须通过技术的力量去推动中国金融的变革和发展。我们要高度重视科技对中国金融的作用，因为科技可以从根本上改变信用甄别机制。金融的基石是信用，防范金融风险的前提是信用甄别。在今天的实践中，传统的信用甄别手段识别不了新的风险，因此，通过技术创新提升信用甄别能力变得非常重要。互联网金融网贷平台从本质上说有其存在的价值，但为什么在中国几乎全军覆没？这是因为它们没有解决相应的信用甄别问题，试图用传统的信用甄别方式去观测线上风险，那肯定是没有出路的。

（3）开放和国际化。封闭的金融肯定不是现代化的金融。现代化的金融一定是开放的金融、国际化的金融。所以，中国金融的开放和国际化是未来最重要的改革方向。这其中有两个基本支点：

第一，人民币的自由化和国际化。人民币可自由交易的改革是必须迈过去的坎，是人民币国际化的起点。在世界前十大经济体中，只有中国没有完成本币的自由化。

第二，中国资本市场的对外开放。在中国资本市场上，2022年境外投资者的占比只有约4.5%，而在美国这一占比一般约为18.5%，在东京、伦敦则超过30%。当前的中国金融市场实际上只是一个半封闭、半开放的市场。中国金融未来改革的重点就是开放和国际化，这是中国金融现代化的核心内容。唯有这样的金融，才能有效推动中国式现代化的实现。

前 言

加快构建新发展格局，着力推动高质量发展，这是党的二十大报告的一个重要部分。在具体内容中，党的二十大报告进一步阐明了，深化金融体制改革、建设现代中央银行制度至关重要。而现代中央银行制度建设的核心内容就是现代货币政策调控体系建设。为此，本书围绕中国的现代货币政策调控体系建设展开论述。

现代货币政策调控体系主要包括目标体系、工具体系和传导体系。本书以现代货币政策调控体系的框架为基础，通过对比发达国家货币政策调控体系的内容，提出了中国现代货币政策调控体系建设的基本路径，为实现货币政策的有效调控提供了科学依据。

本书第一章阐释了现代货币政策调控体系的内涵、运行机制以及中国货币政策调控体系的历史演进。第二章归纳了中国当前的货币政策调控体系的内容，并将其与发达市场的货币政策调控体系进行了对比分析，提炼出各国在现代货币政策调控体系建设中所面临的共性问题，从而为中国现代货币政策调控体系建设提供了理论基础。第三章至第五章分别阐释了货币政策目标体系、工具体系和传导体系如何建设，并基于相关数据为具体建设路径提供了实证分析支撑。

通过以上分析，本书对中国现代货币政策调控体系建设，特别是对如何发展金融市场以发挥现代货币政策调控体系的功能提出了具体的措施建议。本书旨在通过简洁凝练的分析与阐释，为中国现代货币政策调控体系建设提供参考依据。

本成果获得了中国人民大学2021年度"中央高校建设世界一流大学（学科）和特色发展引导专项资金"的支持。

目录

| 第一章 |

现代货币政策调控体系概论

一、现代货币政策调控体系的内涵 / 1

二、现代货币政策调控体系的运行机制 / 8

三、中国货币政策调控体系的历史演进 / 16

四、本章小结 / 23

| 第二章 |

货币政策调控体系的比较

一、中国的货币政策调控体系 / 26

二、美联储的传统货币政策调控体系 / 31

三、美联储的新型货币政策调控体系 / 42

四、其他发达国家的货币政策调控体系 / 46

五、发达市场与中国货币政策调控体系的共性问题 / 52

第三章
货币政策目标体系建设

一、最终目标体系 / 64

二、操作目标和中间目标体系 / 88

三、基于多层次目标体系的货币政策调控机制 / 103

第四章
货币政策工具体系建设

一、数量型工具体系 / 133

二、价格型工具体系 / 142

三、创新型工具体系 / 154

四、如何选择货币政策工具 / 162

第五章
货币政策传导体系建设

一、传导体系的含义 / 167

二、利率传导体系 / 170

三、信贷传导体系 / 175

四、资产价格传导体系 / 181

五、其他传导渠道 / 185

六、如何构建运行通畅的传导体系 / 188

参考文献 / 199

第一章
现代货币政策调控体系概论

一、现代货币政策调控体系的内涵

（一）货币政策调控体系的内涵

货币政策调控体系是货币政策制定、执行、传导过程中涉及的制度安排和运行机制的总和。完整的货币政策调控体系由目标体系、工具体系和传导体系三个子体系构成。货币政策目标体系是货币政策制定所依赖的各层次目标（操作目标、中间目标和最终目标），以及目标之间受中央银行控制的互动关系的集合。货币政策工具体系是货币政策操作中能够采用的政策措施的集合。货币政策传导体系是货币政策工具影响货币政策目标，以及低层次目标影响高层次目标的具体路径和机制的集合。

在英文语境中，与货币政策调控体系相似的概念是 monetary policy framework（译作"货币政策框架"）。"货币政策框架"的概念在用法上有广义与狭义之分。狭义的"货币政策框架"指的是货币政策调控策略的顶层设计。例如，加拿大央行从 1991 年开始采用的通货膨胀目标制把将通货膨胀率保持在某一水平值作为执行货币政策的指导方针。又如，2020年，美联储宣布将采用平均通胀目标制，货币政策致力于将一段时间内通胀率的均值维持在某一水平。以上例子中的通货膨胀目标制和平均通胀目标制即狭义的"货币政策框架"。广义的"货币政策框架"的内涵则丰富得多。"货币政策框架"的狭义理解在广义的用法下被称为货币政策调控策略，除此之外，广义的"货币政策框架"还包括货币政策工具、目标体系等。例如，2019年美联储对美国"货币政策框架"的系统性回顾中将其划分为货币政策"调控策略、工具和沟通实践"（strategy, tools, and communications practices）三方面的内容，就是"货币政策框架"概念在广义上的使用。

  本书所讨论的货币政策调控体系与英文语境中"货币政策框架"的广义理解相似，但含义更为丰富。二者的相似之处在于货币政策调控体系和广义的"货币政策框架"都涵盖了货币政策本身的制度安排，如货币政策的目标、工具、发布制度等。这些制度安排由规定中央银行权责范围的法律（如《中华人民共和国中国人民银行法》）和货币政策相关法规（如美联储从2019年起逐年发布的"Statement on Longer-Run Goals and Monetary Policy Strategy"）所决定。与广义的"货币政策框架"不同的是，本书定义的货币政策调控体系还包含了货币政策传导体系。货币政策传导体系不由任何法律法规直接规定，但是与各方面制度安排的联系比目标体系和工具体系更加紧密。货币政策的传导路径不仅受货币政策自身的制度安排影响，还与金融基础设施的完善程度、金融体系的发展阶段等因素密切相关。例如，即使两个国家均将中长期贷款利率作为货币政策中间目标，将货币市场利率作为货币政策操作目标，但是如果两国债券市场流动性存在差异，或其中一国对存贷款利率定价存在管制，则货币政策从操作目标到中间目标的传导路径和效率也可能差别很大。更重要的是，货币政策传导渠道畅通与否，是能否运用货币政策工具顺利实现货币政策目标的关键。因此，探索高效的传导机制，通过改进货币政策和金融体系制度安排疏通传导渠道也是建设现代货币政策调控体系的核心任务之一。出于以上考虑，本书将货币政策传导体系与目标体系、工具体系并列为货币政策调控体系的三大子体系。

图 1-1 描述了货币政策工具体系、目标体系和传导体系之间的关联逻辑：中央银行对货币政策工具的运用是货币政策调控的起点，货币政策工具的调整通过特定的传导机制首先抵达货币政策操作目标（operating target），并进一步传导至中间目标（intermediate target）和最终目标（ultimate goal），最终目标变量的变化又反过来影响操作目标。从货币政策调控体系的关联逻辑中不难发现：目标体系在整个货币政策调控体系中处于中心地位，各层次目标之间的循环响应是货币政策调控体系运行的主旋律，工具体系和传导体系本质上都是为这一循环的顺畅运行服务。尽管工具体系是货币政策调控体系运行的逻辑起点，但是现实货币政策制定中，中央银行首先决定如何调整操作目标，然后再运用货币政策工具进行实际调整。因此，货币政策工具体系的作用是实现操作目标的调整。传导体系连接工具体系和目标体系以及不同层次的货币政策目标，是贯穿目标体系循环的具体路径。从以上分析不难看出，现代货币政策调控体系建设的核心在于目标体系的建设。具体来说，是在选取合理的货币政策目标的前提下，丰富工具体系以有效调控操作目标，疏通传导渠道以保证各层次目标之间高效传导。

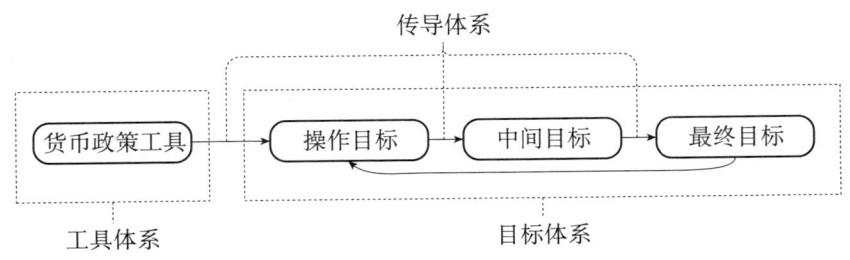

图 1-1　货币政策调控体系的关联逻辑

（二）何谓现代货币政策调控体系

现代货币政策调控体系的核心内涵是依托市场机制高效运行的货币政策调控体系。具体而言，现代货币政策调控体系应当具有结构完整、选取合理、调控机制科学的完善的目标体系，品类齐全、能够在不同场景下有效调控操作目标的丰富的工具体系，以及运行通畅、不受管制和行政干预的市场化的传导体系。

1. 完善的目标体系

完善的货币政策目标体系具有结构完整、选取合理、调控机制科学的特点。结构完整是对货币政策目标体系的基础性要求。完整的目标体系划分为最终目标、中间目标和操作目标三个层次。在中文语境下，有时也将中间目标和操作目标统称为中间目标或中介目标。货币政策的最终目标是中央银行制定和执行货币政策所要实现的最终目的。一般体现为与民生福祉和经济健康发展密切相关的宏观经济指标的稳定和优化，如价格稳定、经济增长、汇率稳定以及国际收支平衡等；操作目标是中央银行能够通过货币政策工具较为精准地控制的金融变量，如短期市场利率、非借入准备金总量等；中间目标处于操作目标和最终目标之间，既能够显著影响最终目标，又受操作目标，如广义货币供应量、抵押贷款利率等的显著影响。

货币政策目标的具体选取需要遵循一定的标准。最终目标的选取应当与国家民生福祉以及当前经济发展阶段一致。例如，在正常时期，中央银行可以兼顾价格稳定、经济增长、充分就业等最终目标。然而，在经济受到严重负面冲击（如新冠疫情冲击）的时期，企业大面积裁员，大量中小企业面临贷款违约，此时中央银行则应当将提振经济、保障就业、维持金融稳定作为优先级最高的最终目标，同时可以适当放松对价格稳定目标的要求。中间目标和操作目标的选取需要遵循可测性、可控性和相关性标准。可测性指中间目标和操作目标应能被准确、及时地测度；可控性指中间目标和操作目标应易于被中央银行掌控，其中操作目标应当能够被货币政策工具精确控制，而中间目标虽然不受政策工具的直接影响，但也应当与操作目标密切相关；相关性指中间目标和操作目标应当能够有效影响最终目标。

货币政策调控机制是反映货币政策立场的操作目标变量根据最终目标变量进行调整的机制。科学的货币政策反应机制也是现代货币政策目标体系的重要特征之一。货币政策调控机制的逻辑可以分为相机抉择（discretion）和规则（rule）两种。相机抉择的含义是：中央银行不对未来政策做出任何承诺，在每个时期从当期最终目标的优化出发制定货币政策。规则的含义是：中央银行在相对长期内按照某种一致的反应规则进行货币政策调整。在理想的货币政策调控机制下，中央银行在每个时期制定状态依存的长期最优政策。但是，这种调控策略要求中央银行对即期经济变量、预期形成机制等具有完全信息，因而不具有现实可行性。现实中，科学的货币政策反应机制往往寻求效果接近最优政策的简单规则，即操作目标变量对最终目标变量的线性反应方程。最经典的简单规则是设定短期利率对通货膨胀率和产出缺口做出正向反应的泰勒规则。

2. 丰富的工具体系

现代货币政策调控体系具有品类丰富的工具体系，能够在各种场景下实现对货币政策操作目标的精准调控。传统的货币政策工具体系主要包括公开市场操作、存款准备金率、中央银行贷款和政策利率四类工具。这四类工具被世界各国中央银行普遍使用，尽管它们在不同国家的具体名称可能有所不同，但是本质上大同小异，属于常规货币政策工具。近年来，各国央行不断致力于货币政策工具创新，推动货币政策工具体系走向丰富和健全。例如，2008年金融危机以来，部分成熟市场国家为克服零利率下限对常规货币政策工具的制约设立了以量化宽松和前瞻性指引为代表的非常规货币政策工具。又如，2013年以来，中国人民银行为了加强货币政策对小微企业和国民经济重点领域的支持力度，创设了一系列直达实体经济的结构性货币政策工具。

货币政策工具体系的作用是实现对操作目标的调整，在传统的政策工具无法达成这一目的时，就需要通过创设新型工具来弥补现有工具体系的不足。例如，美联储的货币政策工具体系在2008年金融危机后进行了一系列创新和调整：一方面，在联邦基金利率接近零下限、常规货币政策空间受到压缩的情况下启用前瞻性指引和量化宽松等非常规货币政策工具；另一方面，通过运用超额准备金利率（IOER）工具将联邦基金利率的调控机制从传统的走廊系统（corridor system）转变为地板系统（floor system）。在传统的走廊系统下，美联储将贴现贷款利率作为走廊上限，将零利率（超额准备金利率等于零）作为利率走廊下限，并主要通过公开市场操作调控准备金供给量，进而使联邦基金利率维持在利率走廊上下限之间的目标值附近。2008年金融危机后，美联储的量化宽松政策导致货币市场上准备金供给量大幅提高，联邦基金利率对准备金供给量的弹性明显下降，通过传统的公开市场操作小幅调整准备金供应量几乎无法引起联邦基金利率变化。在此背景下，美联储将超额存款准备金利率纳入货币政策工具箱，转而采用地板系统调控联邦基金利率。在地板系统下，美联储通过调整超额准备金利率来改变金融机构持有超额准备金的便利收益，从而实现在不改变准备金供给量的情况下直接调控联邦基金利率。

3. 市场化的传导体系

现代货币政策调控体系的第三个构成要素是运行通畅、高度市场化的传导体系。在对现代货币政策传导体系的要求中，运行通畅的含义是：货币政策工具的调整能够在较短的时滞内较为显著地经由操作目标、中间目标对最终目标造成影响。市场化的含义是：在从货币政策工具到最终目标的各个传导环节，经济变量由经济主体根据供需关系自主决策确定，不受管制或行政干预的影响。

运行通畅的传导体系首先要求中央银行选择符合一国经济和金融发展阶段的货币政策目标，其次要求有发达的金融市场和金融基础设施为货币政策传导提供现实基础。例如，产品丰富、交易活跃的银行间拆借交易市场以及配套的登记结算机构使得公开市场操作迅速产生流动性效应，影响短期市场利率。反之，如果完全不存在上述集中交易市场，金融机构之间只能通过单独联系进行场外交易，那么此时若中央银行将公开市场操作作为主要政策工具，将短期利率作为操作目标，则货币政策传导效率将非常低下。市场化的传导体系要求中央银行、政府等官方机构减少直至取消对经济和金融变量（尤其是价格变量）的管制。例如，2013年之前，中国人民银行要求金融机构参考其公布的贷款基准利率进行贷款定价，且偏离基准利率的程度必须在一定范围之内，限制了我国贷款定价的市场化程度。随着2013年中国人民银行取消贷款利率浮动范围限制，金融机构贷款利率浮动范围明显扩大，市场化程度有所上升。

与货币政策目标体系和工具体系不同，传导体系不是一种制度安排，而是一系列描述货币政策工具如何经由操作目标、中间目标影响最终目标的客观事实。传导体系的内容不受中央银行直接控制，而是由中央银行、金融机构、居民和非金融企业等主体的决策行为以及金融市场、金融基础设施的建设情况等多方面因素共同决定。同时，相比外延明确、结构清晰的目标和工具体系，传导体系的边界仍在不断扩展当中，前沿宏观经济学研究依然在不断提出并验证全新的货币政策传导渠道。

尽管货币政策的传导渠道众多，但是对于在各国货币政策调控体系中普遍发挥作用的主流传导渠道，学术界已经基本达成了共识。这些主流传导渠道可以划分为从货币政策工具到操作目标的传导渠道、从操作目标到中间目标的传导渠道以及从中间目标到最终目标的传导渠道。货币政策工具影响操作目标的传导渠道（主要是从公开市场操作到短期市场利率）主要包括正常时期的流动性渠道以及高准备金总量时期的便利收益渠道。操作目标影响中间目标的传导渠道主要依托于存款货币创造理论和利率期限结构理论。中间目标影响最终目标的传导渠道主要包括利率渠道、汇率渠道、信贷渠道、资产价格渠道和预期渠道等。

二、现代货币政策调控体系的运行机制

图1-1在阐明货币政策子体系之间的关联逻辑的同时，也展示了货币政策调控体系运行的基本框架，其核心逻辑可以概括为运用货币政策工具实现操作目标调整，进而形成多层次目标体系内部的循环传导。然而，这一基本框架对应的货币政策调控体系的现实运行机制要复杂得多。货币政策的运行机制主要涉及中央银行、金融机构、居民和非金融企业以及金融基础设施四类参与主体。

（一）中央银行

中央银行（central bank）简称央行，是货币政策的制定者和执行者，统领货币政策调控体系中的工具体系和目标体系。制定和执行货币政策是中央银行的主要职责之一。我国的中央银行是中国人民银行，《中华人民共和国中国人民银行法》第二条规定："中国人民银行在国务院领导下，制定和执行货币政策，防范和化解金融风险，维护

第一章 现代货币政策调控体系概论

金融稳定。"

图 1-2 描绘了我国货币政策的制定和执行机制。货币政策的制定流程中最重要的部门是货币政策委员会。货币政策委员会是中国人民银行制定货币政策的咨询议事机构，由 11 位成员组成，包括中国人民银行行长、中国人民银行副行长二人、国家计划委员会副主任一人、国家经济贸易委员会副主任一人、财政部副部长一人、国家外汇管理局局长、中国证券监督管理委员会主席、国有独资商业银行行长二人和金融专家一人，具体人选由中国人民银行提名并由国务院任命。

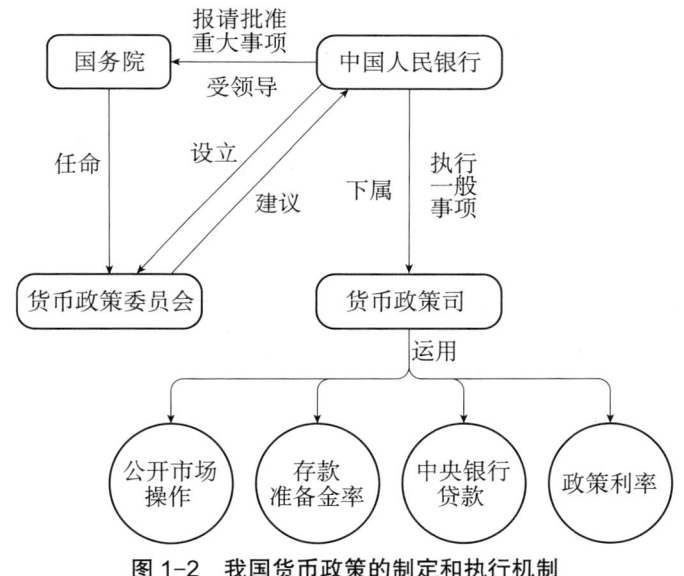

图 1-2 我国货币政策的制定和执行机制

《中国人民银行货币政策委员会条例》第三条规定："货币政策委员会的职责是，在综合分析宏观经济形势的基础上，依据国家的宏观经济调控目标，讨论下列货币政策事项，并提出建议：（一）货币政策的制定、调整；（二）一定时期内的货币政策控制目标；（三）货币政策工具的运用；（四）有关货币政策的重要措施；（五）货币政策与其他宏观经济政策的协调。"货币政策委员会通过全体会议履行以上职责，货币政策委员会在每个季度的第一个月中旬召开例会。如果由货币政策委员会主席或者 1/3 以上委员联名，还可以提议召开临时会议。

不难发现，货币政策委员会参与决策的事项覆盖了货币政策目标体系和工具体系的各个方面。不过，货币政策委员会对货币政策有关事项只有展开讨论并提出建议的权力，最终决策的权力归中国人民银行所有。对于一般货币政策事项，中国人民银行做出决定后即可交由下属的货币政策司予以执行；对于年度货币供应量、利率、汇率等货币政策重要事项，中国人民银行做出决定后还需报国务院批准后方可执行。

中国人民银行货币政策司一般在本季度的第二个月发布上一季度的《中国货币政策执行报告》（以下简称《报告》）。《报告》正文包括货币信贷概况、货币政策操作、金融市场分析、宏观经济分析和预测与展望五个部分。正文中穿插专栏，或介绍背景知识，或对经济、金融领域中的热点问题进行专题分析。《报告》深入分析宏观经济金融形势，阐释货币政策操作，并披露下一步货币政策取向，是中国人民银行与公众进行沟通的重要渠道。

（二）金融机构

金融机构（financial institution）又称为金融中介，是货币流转过程中资金所依附的载体和桥梁，同时也是金融市场的直接参与者。在货币政策运行体系中，金融机构起到了承上启下的作用：一方面，金融机构直接受货币政策工具调整的影响，通过金融机构之间的交易和决策行为形成货币政策操作目标变量，决定了从货币政策工具到操作目标的传导渠道；另一方面，金融机构作为资金供给方与资金需求方的中间人，与居民和非金融企业共同形成与实体经济更加接近的货币政策中间目标变量,参与了从货币政策操作目标到最终目标的传导渠道。

在现代货币政策调控体系中,尽管货币政策操作目标的具体数值由中央银行决定,但是这些目标并非通过行政干预或管制实现,而是全体金融机构自主决策的结果。在这个过程中,中央银行的作用仅仅是通过运用货币政策工具对金融机构的决策过程施加影响。以隔夜利率为代表的价格型操作目标是金融机构决策结果的平均。以货币市场隔夜利率为货币政策操作目标的中央银行(如美联储)每季度宣布隔夜利率的目标范围。不过,中央银行并非通过行政管制直接控制隔夜利率,而是通过开展与金融机构之间的公开市场操作交易来控制准备金总量,调节隔夜拆借市场的供求关系,进而使隔夜利率的平均水平自发地处于目标区间内。在这个过程中,每笔交易的拆借利率由资金借贷双方自主决定,均衡隔夜利率则等于所有拆借交易成交利率的平均值。

例如,中央银行设定隔夜利率的目标范围为2%~2.5%,前一日市场上所有隔夜拆借交易按交易量加权的平均利率为2.47%,接近目标范围上限。中央银行希望将今日隔夜利率下降至目标范围中心水平,于是与公开市场业务一级交易商开展国债买入操作,提高一级交易商持有的准备金水平。一级交易商往往由货币市场上的大型金融机构组成,这些大型金融机构自身流动性比较充裕,在市场上往往扮演流动性供给者的角色。当其他金融机构希望与一级交易商达成隔夜拆借交易时,一级交易商考虑到当日从中央银行那里获得了额外的准备金,流动性边际放松,从而会要求更低的成交利率。与一级交易商的拆借交易利率的降低使得其他金融机构更容易获得流动性,改善了全市场的流动性状况,进而促使所有金融机构之间的拆借交易利率都有所下降,最终令当日拆借交易的加权平均利率降低至中央银行期望的水平。

以基础货币为代表的数量型操作目标的情形比较特殊，数量型操作目标受金融机构决策的影响不如价格型操作目标那样明显。以基础货币为例，基础货币由现金和准备金两部分组成。其中现金发行量完全由中央银行决定；在准备金方面，无论金融机构之间如何进行拆借交易，资金总是从一家机构的准备金账户转移到另一家机构的准备金账户，准备金总量不受影响。只有当金融机构决定从中央银行贴现窗口处贷款时，基础货币才受金融机构决策的影响。如果排除金融机构从中央银行主动借入的准备金，采用非借入准备金作为货币政策操作目标，则此时操作目标完全受中央银行控制。只要中央银行不通过公开市场操作等货币政策工具投放或回收准备金，非借入准备金总量就一直保持不变。当然，即使中央银行能够完全控制数量型操作目标，数量型中间目标（如货币供应量）也仍然由金融机构与居民和非金融企业共同决定。

除了直接影响货币政策操作目标和中间目标的形成外，金融机构还可以通过直接参与金融市场对货币政策传导体系造成更加深远的影响。例如，基金公司和保险公司等金融机构是股票市场的重要参与者，它们也可以通过货币市场获得流动性。如果货币政策降低了货币市场拆借利率，那么这些金融机构可以以更低的成本获得资金，从而将数量更大的资金投资于股票市场，导致股票价格升高。尽管世界上绝大多数中央银行都不会将股票价格作为货币政策操作目标或中间目标，但是股票价格的提高可以通过托宾 Q 效应和财富效应提高总产出，进而实现货币政策最终目标。

（三）居民和非金融企业

居民和非金融企业（household and non-financial corporate）在货币政策调控体系的运行中扮演着多重角色。从金融角度来看，居民和非金融企业既是资金供给方，同时又是资金需求方，金融机构和金融市场正是为了提升居民和非金融企业的资金配置效率而存在的；从（非金融的）宏观经济角度来看，居民和非金融企业的消费和投资决策直接影响经济增长、价格稳定等货币政策最终目标。可以说，货币政策调控体系的根本目的就是提升居民和非金融企业的福利水平。

在货币政策的传导渠道上，居民和非金融企业首先与金融机构共同促进货币政策中间目标的形成。与操作目标仅涉及金融机构之间（或金融机构与中央银行之间）的借贷交易不同，货币政策中间目标一般反映了金融机构与居民和非金融企业之间的金融交易情况。例如，价格型抵押贷款利率反映的是居民和非金融企业从金融机构那儿获得长期融资的成本；数量型广义货币供应量则反映了居民和非金融企业与金融机构达成的（金融机构的）债务合约总量。这些变量是居民和非金融企业以及金融机构分别进行最优决策达成的均衡。接下来，以货币政策中间目标为代表的众多金融变量影响了居民和非金融企业的融资和金融投资行为，进而影响其消费、就业、投资、生产等决策。这些决策形成的总量变量（就业率、总产出等）和价格变量（消费品价格、工业品价格、投资品价格等）直接构成了评价货币政策最终目标的量化指标。

下面通过一个从货币政策工具运用开始的例子具体说明居民和非金融企业在货币政策传导体系中的作用。假设中央银行希望提高本季度经济中的货币供应量，于是宣布降低法定存款准备金率。这一决定公布后，全体存款类金融机构都获得了额外的超额准备金。由于中央银行为超额准备金账户支付的利率很低（一般在1%以下），金融机构将这些资金用于贷款发放可以获得更高的收益率。因此，存款类金融机构倾向于增加贷款发放量。但是，原本的贷款总量和利率已经达到均衡水平，假设贷款需求不变，那么居民和非金融企业就会要求金融机构降低贷款利率。金融机构发现贷款利率即使略微降低也仍然远高于超额准备金利率，因此经济中的均衡贷款利率会降低，同时贷款总量会提高。居民和非金融企业获得额外的贷款后，一般会将这些资金储存于在银行开设的活期存款账户，便于后续使用。于是，存款类金融机构增发的贷款就转化为了居民和非金融企业的活期存款，货币供应量相应增加了。

居民可以将额外获得的资金用于增加消费。消费是总产出的组成部分，消费需求的增加在促进经济增长的同时，也提高了消费品价格，从而造成了与价格稳定目标相背离的价格波动。非金融企业可以将额外获得的资金用于新建厂房，招聘员工，这在提高当期投资量的同时，也为未来扩大生产，进一步促进经济增长奠定了基础。

（四）金融基础设施

金融基础设施（financial infrastructure）是为各类金融活动提供基础性公共服务的系统（硬件设施）及制度安排，其中系统包括登记托管系统、支付清算结算系统、征信系统等，制度安排则包括配套的法律法规、监管制度、会计准则、信用环境、定价机制等。金融基础设施不是货币政策传导渠道中的参与主体，其本身并不进行任何决策行为。但是，金融基础设施是货币政策调控体系（甚至是整个金融体系）运行的前提条件，为货币政策有效传导提供了现实基础。从这个角度说，金融基础设施有资格与中央银行、金融机构以及居民和非金融企业并列作为货币政策调控体系的主要参与主体之一。金融基础设施通过便利金融产品的交易结算提高了金融市场的运行效率，从而保障了货币政策的高效传导。由于货币政策传导渠道遍布金融产品交易的各个环节，因此一般而言，所有金融基础设施都与货币政策调控体系的运行密不可分。

从概念内涵上说，金融基础设施并非金融市场本身，即使不存在任何金融基础设施，货币政策调控体系理论上也存在运行的可能性，但是运行的效率和稳健性都无法得到保障。以货币政策传导首先经过的货币市场为例，我国支持货币市场运行的金融基础设施是全国银行间同业拆借中心（以下简称交易中心）。交易中心为银行间货币市场、债券市场、外汇市场的现货及衍生产品提供交易、交易后处理、信息、基准、培训等服务，负责对市场交易的日常监测，还负责发布上海银行间同业拆放利率（SHIBOR）、贷款市场报价利率（LPR）等基准利率。交易中心的存在可以使存在资金需求的金融机构快速得知哪些金融机构能够供给短期拆借资金、报价和抵押品要求如何，使得货币政策边际宽松或紧缩的效应在较短时间内传导到全市场的金融机构。但是，即便交易中心完全不存在，有资金需求的金融机构之间也可以通过电话联系的方式，逐家机构询问是否有可供出借的盈余资金，然后达成场外交易。显而易见，这种方式下完成拆借交易的效率远不如存在完善的金融基础设施的情形，货币市场也很难快速发挥价格发现功能，一级交易商流动性的边际宽松需要较长的时间才能传导至其他金融机构，这显然与现代货币政策传导体系"运行通畅"的要求相背离。

此外，由于中央银行在运用货币政策工具时也是市场参与者，因而金融基础设施不仅能够满足市场内部的交易需求，同时承担了实现货币政策操作的功能。在我国，存款准备金率、借贷便利、再贴现、再贷款等政策都需要由大额支付系统负责划转商业银行准备金账户余额。此外，公开市场操作由于涉及有价证券交易，还需要银行间市场交易设施，除了在资金结算侧仍需要支付系统的支持外，还需要证券结算系统同步配合完成证券的结算。近年来，我国持续推进金融基础设施建设的效果开始逐渐显现。例如，为应对 2015 年的票据市场乱象，上海票据交易所于2016年迅速组建完成，有效降低了票据交易过程中的道德风险和操作风险，提高了结算效率，不仅为中小企业融资提供了更为完善的配套支持，也为再贴现等中央银行货币政策的生效提供了传导渠道。

三、中国货币政策调控体系的历史演进

（一）中国人民银行职能的转变——从"国家银行"到中央银行

我国货币政策调控体系的建立与中国人民银行职能的转变紧密相关。在计划经济时期，中国人民银行同时扮演着中央银行和商业银行的角色，既是负责国家金融管理和货币发行的国家机关，又是全面经营银行业务的"国家银行"。我国从1953年开始建立了集中统一的综合信贷计划管理体制，即全国的信贷资金，不论是资金来源还是资金运用，都由中国人民银行总行统一掌握，实行"统存统贷"，将银行信贷计划纳入国家经济计划。20世纪50年代至60年代，中国农业银行、中国银行和中国建设银行都经历了设立后又撤销或并入中国人民银行的过程，私营金融机构和公私合营银行也陆续并入中国人民银行。在中华人民共和国成立后近30年的时间内，我国实际上只有中国人民银行一家银行。在这一时期内，我国还没有建立中央银行体制和市场主导的金融体系，因此也不存在现代意义上的货币政策，此时的货币政策就是国家的信贷计划，中国人民银行只是信贷计划的"记账员"和"出纳员"（孟建华，2005）。

1979年10月4日，邓小平在《关于经济工作的几点意见》中指出："必须把银行真正办成银行。"此后，金融领域开展了一系列改

革，包括恢复中国农业银行、中国银行和中国建设银行，将信贷资金管理体制由"统存统贷"转变为"差额包干"，扩大专门银行的经营自主权等。1983年9月17日，国务院颁布了《关于中国人民银行专门行使中央银行职能的决定》（下文简称《决定》），明确了中国人民银行是国务院领导和管理全国金融事业的国家机关，不对企业和个人办理信贷业务。1984年1月1日，原来由中国人民银行办理的工商信贷业务被划出，交由中国工商银行经营，中国人民银行专门行使中央银行职能。《决定》规定，中国人民银行的基本职责是："研究和拟订金融工作的方针、政策、法令、基本制度，经批准后组织执行；掌管货币发行，调节市场货币流通；统一管理人民币存贷利率和汇价；编制国家信贷计划，集中管理信贷资金；管理国家外汇、金银和国家外汇储备、黄金储备；代理国家财政金库；审批金融机构的设置或撤并；协调和稽核各金融机构的业务工作；管理金融市场；代表我国政府从事有关的国际金融活动。"1995年颁布的《中华人民共和国中国人民银行法》以法律的形式正式将中国人民银行确立为我国的中央银行，标志着我国正式确立了中央银行制度，也标志着中国现代意义上的货币政策调控体系的诞生。

（二）货币政策工具体系不断丰富完善

《决定》中对我国中央银行的基本职责的表述同时规定了中央银行可以运用的货币政策工具。不难发现，这一时期的货币政策还具有比较浓厚的计划经济色彩，银行信贷行为受国家信贷计划约束，存贷款利率由中国人民银行统一管理。尽管如此，中国人民银行创立的不少制度和货币政策工具已经有了现代货币政策工具体系的影子。例如：（1）建立专业银行在中央银行的存贷款账户并计算利息；（2）开设对专业银行的再贷款业务，以调节银行总体流动性，帮助银行完成信贷计划；（3）建立法定存款准备金制度，按存款种类核准法定存款准备金率，并根据放松或收紧货币供应的需要相应调整；（4）开办再贴现业务，专业银行急需周转资金时，可将持有的未到期商业汇票在中央银行处进行再贴现。由以上早期货币政策工具发展而来的超额准备金利率、各类中央银行贷款、法定存款准备金率和再贴现工具至今仍然是我国货币政策工具体系的重要组成部分。

《中华人民共和国中国人民银行法》第二十三条首次明确了中国人民银行可以运用的货币政策工具的范围："中国人民银行为执行货币政策，可以运用下列货币政策工具：（一）要求银行业金融机构按照规定的比例交存存款准备金；（二）确定中央银行基准利率；（三）为在中国人民银行开立账户的银行业金融机构办理再贴现；（四）向商业银行提供贷款；（五）在公开市场上买卖国债、其他政府债券和金融债券及外汇；（六）国务院确定的其他货币政策工具。"2010年以来，为满足不同场景下的货币政策调控需求，中国人民银行又陆续创设了常备借贷便利、中期借贷便利、定向中期借贷便利、抵押补充贷款等创新型货币政策工具。为缓解2020年新冠疫情对小微企业的冲击，中国人民银行还创设了普惠小微企业贷款延期支持工具、普惠小微企业信用贷款支持计划两项直达实体经济的结构性货币政策工具。

（三）货币政策目标体系持续向市场化体系转型

在中国人民银行被确立为我国中央银行的初期，通货膨胀一直是我国经济发展的主要制约因素之一。自1979年至1996年的10多年里，我国曾先后出现四次通货膨胀，分别发生在1980年、1985年、1988年、1993年，直至1996年末通货膨胀现象才明显改变，但居民消费价格指数通胀率仍高达8.3%，至1997年末才降低至2.8%。因此，这一时期内货币政策主要以稳定物价作为最终目标。1995年颁布的《中华人民共和国中国人民银行法》首次对货币政策的最终目标做出了明确规定："货币政策目标是保持货币币值的稳定,并以此促进经济增长。"这确定了我国货币政策追求的是币值稳定和经济增长双重最终目标,这一最终目标体系设计被沿用至今。

我国货币政策中间目标和操作目标的选取一直处于发展演变的过程中。从1984年中国人民银行独立行使中央银行职能以后直至1993年这10年中,我国并没有正式明确规定货币政策的中间目标,但是在实际的货币政策制定与实施中,现金和贷款规模事实上承担了货币政策中间目标的功能。在此阶段,我国金融机构仍然高度集中,贷款转存款、现金发行数量等都比较透明。中央银行通过控制现金发行量和商业银行信贷计划,就能够控制信用总量,从而控制住一定时期的社会总需求能力,实现货币政策目标。特别是在1985年以后几次实施紧缩的货币政策时,现金和信贷计划都发挥了重要的作用。

20世纪90年代后,随着金融体系的不断发展和完善,社会信用也呈现多样化的发展态势,现金在广义货币中的比重降低,国有银行贷款转化的存款货币在广义货币中的比重也逐步下降,到了1994年时,已经不足二分之一,此时仅仅控制住现金和信贷计划就难以达到稳定货币和执行货币政策的目标。1993年12月25日国务院发布的《关于金融体制改革的决定》规定:"货币政策的中介目标和操作目标是货币供应量、信用总量、同业拆借利率和银行备付金率。"1994年9月,为加快货币政策中间目标的改革进程,中国人民银行正式宣布了我国货币供应量的层次划分标准,适时建立了预示社会总需求变化的货币供应量统计制度,并于当年年底首次向社会公布了被作为监测目标的货币供应量的统计结果。这一时期的货币政策以货币供应量为中间目标。1996年以后,中国人民银行正式把狭义货币供应量M1和广义货币供应量M2确定为货币政策中间目标,把基础货币作为操作目标。

在以货币供应量和基础货币等数量型变量作为货币政策中间目标和操作目标的背景下，尽管中央银行并未完全忽视价格型（利率）目标，但重视程度总体不高。中央银行调控短期利率的目的主要是维持银行间市场利率稳定，同时服务于货币数量调控（李宏瑾，2019）。事实上，我国货币政策调控中长期存在"重数量而轻价格"的倾向（周小川，2013）。这不仅与成熟市场国家的实践存在差异，而且与当代经典货币政策理论并不一致。近年来，中国人民银行对价格型中间目标和操作目标的重视程度不断提高：2007年对标伦敦银行间同业拆借利率（LIBOR）创设了上海银行间同业拆放利率（SHIBOR），目前SHIBOR已经成为市场接受程度较高的货币市场基准利率；2013年完全放开贷款利率浮动范围限制并设立了以报价方式形成的贷款基础利率，2019年将其更名为贷款市场报价利率（LPR），并确定为商业银行贷款定价的基准利率。中国人民银行通过调整MLF操作利率间接引导LPR变化，使得LPR较贷款基准利率更加接近货币政策中间目标而不是货币政策工具。

（四）货币政策传导体系的市场化程度持续提升

我国货币政策传导机制不断丰富，市场化程度持续提升。中国人民银行行使中央银行职能初期，货币政策主要依赖中央银行—专业银行—企业的货币政策传导渠道。当时中国工商银行、中国农业银行、中国银行、中国建设银行四家专业银行在全国金融市场上具有垄断地位，占中央银行贷款的比例高达98%，因此货币政策的传导主要通过对四家专业银行的信贷计划实现。这种传导方式几乎不具有市场化特征，这是因为当时利率受到严格管制，并不能反映资金供求情况，因而也就无法发挥货币政策传导功能。

货币政策传导体系在20世纪90年代得到了比较系统的完善，主要体现在以下几个方面：（1）停止了中国人民银行对财政透支，停办中央银行专项贷款，使得中央银行的独立性与货币政策的有效性大为提高，长期存在的货币政策传导财政化、再贷款企业化等问题得到根本纠正。（2）成立了政策性银行，使政策性金融与商业性金融得以分离，切断了商业银行通过政策性金融业务倒逼中央银行扩大基础货币的渠道。国有专业银行开始向商业银行转化，内部管理和经营管理得到加强，货币政策传导的微观基础开始完善。（3）建立了同业拆借市场，提供了商业银行调节头寸的场所，推进了市场在资金配置中的作用，增加了新的货币政策传导渠道。1998年1月1日，中国人民银行正式取消了国有商业银行的贷款限额控制，标志着货币政策传导机制从行政性的直接控制向市场化的间接调控的重大转变。

我国货币政策传导体系的市场化特征不断深化的一条重要主线是利率定价市场化的持续推进。同业拆借市场和债券市场利率市场化完成得较早。1996年6月，央行取消了同业拆借利率上限，同业拆借利率实现了完全市场化。同年，财政部开始以市场化方式发行国债，1999年首次在银行间市场以市场化方式发行国债。目前债券市场除了个别品种存在一定的上下限管制外，其他债券利率已经完全实现市场化定价。

我国贷款利率市场化改革主要从官定基准利率浮动范围的角度开展，其进程是先放开浮动上限，再放开浮动下限，最终全面放开浮动范围。1983年，国务院授权中国人民银行对超过资金定额的贷款，可以以基准贷款利率为基础上下浮动不超过20%。此后出于降低企业财务成本的考虑，加之实体经济方面的阻力，利率市场化进程出现过倒退：1990年4月和1996年5月，贷款利率浮动的下限和上限分别降低至10%，且仅适用于流动资金贷款。1998年10月，为了扩大中小企业融资规模，商业银行和城市信用社对中小企业贷款利率的上浮幅度由 10% 扩大到 20%，农村信用社贷款利率最高上浮幅度由 40% 扩大为 50%，大中型企业贷款利率最高上浮幅度维持 10% 不变。1999年 9 月，商业银行和城市信用社对中小企业的贷款利率上浮幅度扩大到 30%。2000 年 9 月，外币贷款利率完全放开。2003 年 8 月，农村信用社改革试点地区信用社的贷款利率浮动上限扩大到基准利率的 2 倍。2004 年 1 月，商业银行、城市信用社的贷款利率浮动上限扩大到贷款基准利率的 1.7 倍，农村信用社贷款利率的浮动上限扩大到贷款基准利率的 2 倍，贷款利率浮动上限不再根据企业所有制性质、规模分别制定。2004 年 10 月，基本取消金融机构人民币贷款利率上限，仅对城乡信用社贷款利率实行基准利率 2.3 倍的上限管理。2012 年 6 月，允许贷款利率下浮幅度由 10% 扩大到 20%，同年 7 月进一步扩大到 30%。2013 年 7 月，全面放开金融机构贷款利率管制，同年 10 月，贷款基础利率集中报价和发布机制正式施行。2019 年 8 月，贷款基础利率更名为贷款市场报价利率，并被确定为商业银行贷款定价的基准利率。

存款利率市场化改革同样是围绕利率的浮动范围开展。与贷款利率不同的是，存款利率的自由化程度对银行经营和金融系统的稳定性影响较大。因此，存款利率市场化改革的进程是先下限再上限，先大额再小额。1999 年，中国人民银行允许商业银行对保险公司试办长期大额协议存款，利率水平由双方协商。2000 年 9 月，300 万美元以上的大额外币存款利率放开。2003 年，小额外币存款利率下限放开、小额外币存款利率管制币种由 7 种减少为 4 种。2004 年 10 月，存款利率浮动下限放开，但禁止向上浮动。2004 年 11 月，1 年期以上小额外币存款利率全部放开。2012 年 6 月，允许存款利率围绕基准利率上浮 10%，2014 年 11 月上浮幅度扩大到 20%，2015 年又先后扩大到

30%和50%。2015年6月，大额存单利率放开。2015年8月，一年期以上定期存款利率的浮动上限放开。2015年10月，对商业银行等金融机构不再设置存款利率浮动上限，至此存款利率上下限管制完全放开。

不过，尽管存款利率定价的浮动范围限制已经完全放开，但是商业银行存款利率定价行为依然受到多方面约束，导致存款利率定价仍然主要参考存款基准利率，且偏离基准利率的程度受到隐性限制。市场利率定价自律机制（受中国人民银行指导和监督管理）组织的金融机构合格审慎评估每季度对金融机构的存款定价偏离程度进行考核，考核范围涉及1 500余家成员机构。存款定价偏离程度衡量的是参评金融机构人民币存款利率浮动幅度与所有金融机构平均水平的偏离程度，考核要求存款定价偏离程度不能过大，亦即存款定价不能过度偏离基准利率。2020年第四季度的《中国货币政策执行报告》则明确指出："存款基准利率作为利率体系的'压舱石'，要长期保留。"

四、本章小结

货币政策调控体系是货币政策制定、执行、传导过程中涉及的制度安排和运行机制的总和。完整的货币政策调控体系由目标体系、工具体系和传导体系三个子体系构成。货币政策目标体系是货币政策制定所依赖的各层次目标，以及目标之间受中央银行控制的互动关系的集合。货币政策工具体系是货币政策操作中能够采用的政策措施的集合。货币政策传导体系是货币政策工具影响货币政策目标，以及低层次目标影响高层次目标的具体路径和机制的集合。现代货币政策调控体系的核心内涵是依托市场机制高效运行的货币政策调控体系。现代货币政策调控体系应当具有结构完整、选取合理、调控机制科学的完善的目标体系，品类齐全、能够在不同场景下有效调控操作目标的丰富的工具体系，以及运行顺畅、不受管制和行政干预的市场化的传导体系。

中央银行对货币政策工具的运用是货币政策调控的起点，货币政策工具的调整通过特定的传导机制首先抵达货币政策操作目标，并进一步传导至中间目标和最终目标，最终目标变量的变化又反过来影响操作目标。目标体系是货币政策调控体系的核心。现实中，货币政策的运行机制主要涉及中央银行、金融机构、居民和非金融企业以及金融基础设施四类参与主体。中央银行是货币政策的制定者和执行者，统领货币政策调控体系中的工具体系和目标体系。金融机构一方面决定了从货币政策工具到操作目标的传导渠道，另一方面参与了从货币政策操作目标到最终目标的传导渠道。居民和非金融企业首先与金融机构共同促进货币政策中间目标的形成，然后通过改变消费、就业、投资、生产等决策影响价格稳定、经济增长等货币政策最终目标的实现。金融基础设施是为各类金融活动提供基础性公共服务的系统及制度安排。金融基础设施虽然不是货币政策传导渠道的参与主体，其本身并不进行任何决策，但是它通过便利金融产品的交易结算提高了金融市场的运行效率，从而为货币政策的有效传导提供了现实基础。

自中华人民共和国成立以来，中国人民银行经历了从"国家银行"到现代意义上的中央银行的转变。1995年颁布的《中华人民共和国中国人民银行法》以法律的形式正式将中国人民银行确立为我国的中央银行，标志着我国正式确立了中央银行制度，也标志着中国现代意义上的货币政策调控体系的诞生。在我国货币政策调控体系20余年的发展过程中，货币政策工具体系不断丰富完善，货币政策目标体系持续向市场化体系转型，货币政策传导体系的市场化程度持续提升。

第二章
货币政策调控体系的比较

　　为进一步建设健全中国的货币政策调控体系，首先需要明确货币政策调控体系各方面的特点。对于一国货币当局而言，货币政策调控体系直接反映了其政策实践，包括货币政策以什么形式呈现、以何种渠道传导以及如何作用于实体经济。因此，货币政策调控体系在不同的经济体中有着不同的含义。本章梳理并比较了中国和世界几个主要发达经济体的货币政策调控体系，然后着重分析了其结构和成分的相似之处，以提炼货币政策调控体系的本质特征。

　　对货币政策调控体系进行国际比较不仅可以为我国建设货币政策调控体系提供参考，还有助于妥善处理国内与国际货币体系的关系，缓解国际货币环境对国内的冲击。在持续低利率的环境下，在资本市场动荡和实体经济衰退的双重压力下，世界上主要发达经济体的货币政策方向愈加趋同。可以说，全球的中央银行也形成了"货币命运共同体"。身处其中，无论是为了使货币政策更好地作用于我国经济，还是为了减少外部环境对我国货币政策的干扰，深入了解货币政策调控体系的国际实践都具有重要意义。

一、中国的货币政策调控体系

《中华人民共和国中国人民银行法》第三条规定:"货币政策目标是保持货币币值的稳定,并以此促进经济增长。"为实现这一最终目标,中国人民银行以货币供应量和短期利率为中间目标和操作目标,以法定存款准备金率、公开市场操作、借贷便利等多种手段为货币政策工具。中国人民银行通过多种货币政策工具调控中间目标,经由利率、银行信贷、资产价格等多种传导渠道实现最终目标。

(一)货币政策目标体系

为了实现我国货币政策的最终目标,需要先调整一些中介变量,而调整中介变量又需要借助更加可控的操作变量。因此,可将货币政策目标划分为最终目标、中间目标和操作目标。与中间目标相比,操作目标的变化更为灵活,可以更好地反映货币政策工具产生的短期效果。

从"保持货币币值的稳定,并以此促进经济增长"的描述中可以看出,价格稳定是经济增长的前提。整体上,中国人民银行采取多目标制,其中维持价格稳定具有高度优先的地位。中国人民银行前行长周小川(2016)指出,维持价格稳定的单一目标制对于目前阶段的中国尚不太现实,中国人民银行将采取多目标制,目标包括价格稳定、经济增长、促进就业、国际收支平衡,还必须推动改革开放和金融市场发展。尽管中国的体制选择带来了信用增长过快、高杠杆率和影子银行等问题,但也只是相对于其他新兴市场而言。

我国货币政策的中间目标主要为数量型中间目标。在数量型中间目标体系下,中国人民银行主要通过公开市场操作、存款准备金率等工具调控基础货币数量,进而影响市场流动性水平。尽管货币政策并未完全忽视利率目标，但是调控利率的目的主要是维持利率稳定，同时服务于货币数量调控（李宏瑾，2019）。这与发达市场国家的货币政策实践存在较大区别，也与泰勒规则等基于价格型中间目标的货币政策理论不一致。不过近年来，我国一直致力于推进由数量型目标向价格型目标的转换。在这一进程中，利率市场化改革被赋予了重要使命，具体实践包括推行市场化定价方式、放开存贷款利率浮动限制等。

我国货币政策的操作目标是金融市场中的短期利率，以SHIBOR和回购利率为代表。由于公开市场操作主要以银行间市场为载体，且各类借贷便利也直接影响商业银行的流动性，所以金融市场短期利率能够直接对货币政策工具做出反应，符合操作目标的定位。虽然操作目标和价格型中间目标都表现为利率变量，但二者在期限和性质上有着本质差异。操作目标是短期利率，它是在流动性较高的金融市场上形成的，而中间目标则处于货币政策传导渠道的更末端，典型代表有中长期银行间借贷利率、回购利率、票据利率以及存贷款利率。这些利率受货币政策工具的间接影响，受操作目标的直接影响，进而继续向下影响实体经济中的借贷行为。

（二）货币政策工具体系

公开市场操作（OMO）是指中央银行在公开市场与指定的一级交易商进行证券买卖，进而影响市场利率和金融机构的流动性水平，包括现券买卖和债券回购与逆回购。现券买卖指央行通过买入或者卖出证券，在市场上一次性投放或者回收基础货币。在回购交易中，央行卖出证券并约定在未来某一时间将该笔证券买回，因此先从市场回收流动性并在未来进行投放。与之相反，逆回购是指先买入证券，在未来将该笔证券卖回给交易对手，即先向市场投放流动性并在未来进行回收。（逆）回购交易的期限从 1 周到 1 年不等，主要以国债和政策性银行金融债等信用质量较高的债券为抵押品。自 2016 年起，OMO 的频率从每周两次增加到每天一次。但在银行间流动性水平较为充裕时，中国人民银行不会轻易开展公开市场操作，而是为二级市场的发展留出空间。

贴现贷款是中央银行向商业银行提供的贷款，也被称为贴现窗口政策。发放贴现贷款可以直接增加商业银行的存款准备金，从而增加基础货币、商业银行的可贷资金和货币供应量。中国人民银行的再贷款、再贴现以及常备借贷便利都属于贴现贷款工具。贴现贷款工具不仅可以用来直接投放基础货币，进而影响货币供应量和信贷供给，还可以通过提高或降低贴现贷款的合同利率来影响金融机构的融资成本。

再贷款是中央银行直接向金融机构提供的贷款，在银行间市场仍不发达的时期被用于支持银行体系的流动性和稳定性。随着金融宏观调控方式由直接调控转向间接调控，再贷款主要被用于合理引导资金流向和信贷投向。再贴现是中央银行通过贴现金融机构持有的未到期已贴现商业汇票发放贷款，与再贷款的原理相同，可以直接增加基础货币。

常备借贷便利（SLF）是中国人民银行借鉴其他国家的经验，如欧洲中央银行（ECB，简称欧央行）的边际贷款便利和英格兰银行的操作性常备便利，于 2013 年设立的。常备借贷便利比再贴现更灵活，由金融机构根据自身的流动性需求主动发起，公开市场操作则是由央行主动发起的。SLF 主要满足金融机构期限较长的大额流动性需求，对象主要为政策性银行和全国性商业银行，期限为 1~3 个月，发放时以高信用评级的债券类资产及优质信贷资产等作为抵押。

中期借贷便利（MLF）于 2014 年创设，它是向符合宏观审慎要求的商业银行或政策性银行提供的中期基础货币（1 年或 5 年），影响中长期资金供求关系，进而影响中长期市场利率。中国人民银行于2018年底推出了定向中期借贷便利（TMLF），以更优惠的价格加大对小微企业、民营企业的支持力度。2014年出台的抵押补充贷款（PSL）则主要支持国民经济重点领域、薄弱环节和社会事业发展。

存款准备金工具指中央银行规定的法定存款准备金率。法定存款准备金率是指中央银行要求商业银行对其各类存款以及其他特定负债缴存准备金的比率，目的是满足客户的提存需要和其他流动性需求。通过调整法定存款准备金率，中央银行能够直接影响银行间流动性和金融机构的信贷资金供应能力，从而间接调控货币供应量。法定存款准备金率作为货币政策工具有着影响速度快、影响范围大的优点，但同时也有着过于粗放和僵硬的突出缺点，即对法定存款准备金的微调可能通过货币乘数效应对货币供应量产生巨大的影响。因此，这一工具在发达经济体已经被大量淘汰。

中国人民银行实行分层的存款准备金率制度，对规模越小的银行准备金率要求越低，具体表现为"三档两优"的基本框架。目前我国的存款准备金率大体有三个基准档：第一档，对大型银行，实行高一些的存款准备金率，体现防范系统性风险和维护金融稳定的要求；第二档，对中型银行实行较第一档略低的存款准备金率；第三档，对服务县域的银行实行较低的存款准备金率。"两优"是指在三个基准档次的基础上还有两项优惠：一是对达到普惠金融定向降准政策考核标准的大型银行和中型银行实行优惠，二是对达到新增存款一定比例用作当地贷款考核标准的服务县域的银行实行优惠。

一般情况下，商业银行持有的存款准备金高于法定存款准备金率的要求，其差额为超额存款准备金。超额存款准备金率由银行自主决定，但决策过程受到银行经营状况、银行间流动性水平、宏观经济形势等多方面因素的影响，还直接受央行其他货币政策操作的影响，如在投放货币的公开市场操作或贴现贷款之后,超额存款准备金随之增加。

(三)货币政策传导体系

由于我国货币政策的中间目标正处于由数量型向价格型转换的过程之中,所以货币政策的传导体系呈现出利率传导渠道、信贷传导渠道、资产价格传导渠道等多种传导渠道并重的特点。整体而言,货币政策传导领域的市场化改革在近20年内卓有成效,但是市场分割等问题仍然在一定程度上存在,所以深化利率市场化改革仍然是货币政策传导体系建设的重要内容。

虽然利率市场化改革仍在不断推进,但中国的利率传导渠道已经基本形成。短期利率的传导渠道是"公开市场操作—短期利率",而中长期利率的传导渠道是"中期借贷便利—贷款市场报价利率—中长期利率"。与发达经济体不同的是,我国的中长期利率传导不以利率期限结构为途径,即调控短期利率并由其引导长期利率,而是直接使用中期借贷便利等创新性的中长期货币工具。这与中国债券市场的利率期限结构传导渠道仍不通畅有关。

信贷传导渠道是中国货币政策较为传统的传导渠道,使用存款准备金率工具和贴现贷款类工具进行调控。整体上中国的银行体系有着较为稳定的超额准备金率水平,所以法定存款准备金率能够有效地影响货币乘数,进而影响货币供应量和实体经济。此外,中国人民银行还创设了定向降准工具和新型贴现贷款工具(如 TMLF 和 PSL 等)。这些工具一般被称为结构性货币政策工具,它们可以引导资金投向和信贷结构向中小微企业、农业、普惠金融等重点领域倾斜,在我国货币政策调控中的作用日益凸显。

在资产价格传导中,货币政策通过影响上市公司的股价来影响上市公司的投融资行为。但与发达经济体相比,中国的资本市场仍不够发达，资产价格传导渠道发挥的作用远不如利率传导渠道和信贷传导渠道。这是因为：一方面，定价机制不够完善；另一方面，上市企业在实体经济中的占比不高，导致资产价格传导渠道的影响范围很小。加之上市企业由于自身优势，可以利用银行信贷、债券发行等其他融资渠道，所以股价波动对上市企业自身经营的影响进一步受到了限制。

二、美联储的传统货币政策调控体系

（一）凯恩斯主义框架下的相机抉择：20世纪50—70年代

1. 以自由准备金和银行信贷为目标：20世纪50—60年代

1951年3月，美联储恢复了积极和独立的货币政策，不再履行二战时期的特殊融资职能。在这一时期内，美联储货币政策对经济的反应模式主要基于凯恩斯主义的框架，以物价稳定和经济增长为最终目标，"**相机抉择**"地开展**逆风向调节**（lean against the wind），主要手段是调整短期利率，分别以自由准备金和银行信贷作为货币政策的操作目标和中间目标。

公开市场操作成为货币政策的主要工具。美联储在纽约建立了全国性的银行准备金市场，由公开市场操作委员会（FOMC）设定市场利率，并定期抵消引起准备金波动的市场因素以稳定市场利率。准备金市场为银行买卖国库券和调整准备金头寸提供了统一的场所，还承载了FOMC的公开市场操作。

1953—1960年间，为提高战后国债市场的深度和广度并增强其弹性，FOMC只买卖短期国库券和债务凭证，允许中长期证券在不受美联储干预的情况下自由交易（不再与长期利率挂钩），促进了市场出清机制发挥作用。逆风向调节短期利率可以带动整条收益率曲线朝着有利于经济稳定的方向移动。但为了抑制黄金外流和国际收支逆差，同时刺激经济复苏，美联储于 1961 年放弃了仅购买短期债券的做法，开展了"**扭转操作**"，即在购买中长期国债的同时出售短期国库券，以使收益率曲线趋平。

贴现窗口和**准备金政策**是两种辅助的货币政策工具。美联储偶尔调整贴现率和准备金要求。由于 FOMC 无权改变贴现率，所以只能考虑在给定的贴现率水平下利率水平和银行获取准备金的难易程度受到的影响，再就公开市场操作做出决策。当贴现率与市场利率脱节时，美国联邦储备委员会定期调整贴现率。或者当美国联邦储备委员会希望强调政策立场的转变时，会不定期调整贴现率以配合其他货币政策工具。与公开市场操作相比，贴现窗口的行政化程度更高，目的是降低银行从美联储借款的意愿。准备金要求的变化频率也很低，通常伴随着整体的政策转向。这一时期内准备金率的变化幅度远小于 20 世纪 30 年代，且对准备金量的影响一般会被公开市场操作部分抵消。

在这一时期内，美联储将**银行信贷作为货币政策的中间目标**。相机抉择表现为在经济疲软期刺激银行信贷扩张，在经济繁荣期限制信贷增长。但是银行信贷不受美联储直接控制，不适用于日常指导。因此，美联储将**操作目标设定为自由准备金**。自由准备金的定义为超额准备金减去从贴现窗口借入的准备金。日常的公开市场操作以自由准备金为目标，为政策指导提供参考。较高的自由准备金水平代表宽松的政策，可以促进贷款和投资，而借入准备金限制了银行扩张信贷的能力。当预测的自由准备金低于或高于目标水平时，FOMC 便在当天买入或卖出国库券。

从 20 世纪 60 年代开始，联邦基金利率（FFR）的影响力逐渐提升。1964 年 10 月，FFR 首次升至贴现率之上。随着大型银行更加积极地管理负债，银行间市场上的资金拆借更加活跃。由于同业拆借可以免受准备金要求和利率上限约束，且没有美联储贴现窗口的长期使用限制，因此，银行即使没有可用准备金，也可以在市场上借入资金并扩大信贷。于是，自由准备金作为操作目标的可靠性逐渐减弱。

2. 以货币总量和联邦基金利率为目标：20 世纪 70 年代

在 20 世纪 60 年代后期，通货膨胀率大幅上升，除了越南战争和财政政策导致的预算赤字外，持续扩张的货币政策也是重要原因。1970 年，美联储正式宣布以货币总量为中间目标，以尽快降低通胀水平。FOMC 设定了货币增长目标，并在货币增速高于或低于目标时引导 FFR 上调或下调。公开市场操作仍是这一时期主要的货币政策工具，存款准备金率和贴现窗口起辅助作用。

20 世纪 70 年代，货币政策设定和实现目标的水平有所提升。日益活跃的市场使得 FFR 能够良好地反映货币市场情况，成为一个可行的操作目标，也使得自由准备金不再是银行信贷增长的可靠预测指标。FFR 成为公开市场操作的主要参考。不过银行信贷及其代理变量仍位列中间目标的名单之中，只是重要程度有所下降。FOMC 首先确立了 M1/M2 的增长目标，然后估计了实现预期货币增长所需的 FFR 水平。FFR 的目标区间往往窄于货币增长率的目标区间。FFR 目标的作用方式是通过影响银行向客户支付和收取的利率来影响货币需求。

美联储还引入了补充准备金运行机制，基于准备金乘数模型从供给侧影响货币量。美联储控制总准备金量或法定准备金量，并通过存款准备金运行机制约束货币增长。FOMC 钉住的是私人存款准备金（RPD），排除了不在货币定义中的政府存款和银行同业存款的准备金要求。RPD 的增长目标被设计为与 M1 的期望增长一致。然而，由于根据银行规模和成员身份的不同，存款准备金率差异很大，因此 RPD 和 M1 之间的联系不是很密切。尽管 FOMC 同时限制了 FFR 的波动，但 RPD 目标经常无法实现。1973 年，RPD 从操作目标变为除 M1 和

M2 之外的中间目标，后于 1976 年被废除。

在 1970—1979 年这十年内，美联储出台了许多应对通货膨胀的政策，但事实上这些政策的效果并不理想。尽管有时货币政策收紧可以在短期内缓解通胀，但长期效果十分有限，且容易被经济增长的目标干扰。这一时期内的货币供应目标过于宽松且变化频繁，实际增长率经常超过设定目标。相机抉择的货币政策有着时间不一致（time inconsistency）的严重缺陷（Kydland 和 Prescott，1977；Barro 和 Gordon，1983），被认为是导致 20 世纪 70 年代"大通胀"的重要原因（Ireland，1999）。由于政策调整存在滞后和偏差，本是逆风向调节的货币政策却往往是顺周期的（Mishkin，2011）。

1977 年通过的《联邦储备法》修改了 1913 年建立美联储的原始法案，明确了美联储的目标为"最大就业、物价稳定和适当的长期利率"。但只有在稳定的宏观经济环境下，长期利率才能保持低位。因此，这三个目标常被称为"双重使命"（dual mandate），即最大就业和物价稳定。"双重使命"自此正式成为美联储货币政策的最终目标并被沿用至今。

（二）沃尔克时期：1979—1987 年

1970—1979 年间，货币供应量在整体宽松的货币政策下持续扩张，再加上石油输出国组织（OPEC）上调石油价格带来的通胀压力，美国消费者价格指数上升了近一倍，通货膨胀率由 5.84% 上涨至 11.26%，并于 1980 年达到 13.55% 的最高值。美国经济陷入"滞胀"，即高通胀和高失业率并存，美联储承诺价格稳定的可信度也受到了严峻挑战。1979 年 10 月，保罗·沃尔克就任美联储主席，以更符合货币主义的、强劲的货币政策控制通货膨胀，重建公众信心，凯恩斯主义的指导地位下降。

1. 以M1和非借入准备金为目标：1979—1982年

在沃尔克上任后，美联储的货币政策目标和调控手段都发生了较大变化。最终目标从兼顾经济增长和**抑制通货膨胀**变为实质上偏重于后者，即便这要求利率大幅上升，经济付出代价。由于以FFR为操作目标导致了20世纪70年代货币目标的反复超调，美联储宣布**以非借入准备金为操作目标，以M1为中间目标**，并保持二者增长率一致。FFR的目标区间被放宽了5倍多，为实现货币政策目标提供了调整空间。

在具体操作上，FOMC首先确定M1的目标增长率，并估算所需准备金总量，再从准备金总量中减去初始的借入准备金量，得出非借入准备金目标。FFR仍被用作衡量准备金估计准确性的指标，尽管其可靠性一般。市场参与者需要密切观察和预测M1的走势，以预测FFR和其他短期利率的未来走向。因此，利率出现了剧烈波动，反映了市场预期的调整。在沃尔克上任前，周平均FFR是11.9%，而1980年最低，为7.6%，1981年最高，为22.4%。

由于通货膨胀和名义利率高企，满足准备金要求对于银行而言尤为艰难。1980年，国会通过了《存款机构放松管制和货币控制法案》（MCA），简化了准备金要求的结构，并将要求扩展到非成员商业银行、储蓄机构和拥有交易存款的信用合作社。它消除了对个人时间和储蓄存款的要求，对成员银行的要求逐步降低，对非成员存款机构的要求逐步提高。尽管如此，储蓄余额还是大量转移到了货币市场共同基金等不受利率和准备金要求限制的新型工具中。

美联储试图通过重新定义货币总量来应对市场创新，所有货币口径都包括非成员银行和储蓄机构的存款，更广泛的口径还包括货币市场共同基金。经调整，1979年末至1982年中期M1的平均增速接近目标。事实上，M1的增速是由1982年的高速增长拉动的，其短期变化较大，这要归因于调整后M1包含的可转让支付命令（NOW）等新型账户的流行。但是，越来越多的证据表明，M1 与经济活动的联系已经不再密切，所以 FOMC 在 1982 年底终止了 M1 目标。

2. 以 M2 和借入准备金为目标：1983—1987 年

与 M1 相比，M2 与名义收入的关系更加稳定。FOMC 在 1982 年底的几个月里试图将 M2 作为中间目标。但整体上，货币总量与经济活动之间的关系仍远不如从前稳定。因此，FOMC 于 1983 年修改了提供准备金的程序，更看重通货膨胀和经济活动指标，而不再紧盯货币总量，直接以借入准备金水平为操作目标。与之前钉住非借入准备金相比，这一时期允许 FFR 变动的幅度更小。

然而，货币市场存款账户等新型工具仍对 M2 的可靠性提出了挑战，导致 M2 的短期需求频繁变化。由于鼓励可作为货币替代品的金融工具的创新，货币需求至少在一定程度上有所减少。由于存款利率受到限制，通胀率上升以及由此导致的名义市场利率上升使得货币替代品具有吸引力。货币总量与经济活动的关系日益疏远是大势所趋，货币增长的不确定性使其失去了作为主要中间目标的地位，沦为了美联储调整准备金的次要影响因素。

准备金政策和贴现窗口的实施也有较大变化。由于 MCA 对准备金要求结构的变更是在 1987 年前逐步实施的，银行准备金余额在这一时期内的整体波动很大。在紧缩政策下准备金余额水平又相对较低，为避免透支和出现超额准备金，银行比以前更谨慎地管理其日常准备金头寸，降低了准备金管理的灵活性。又由于这一时期内银行业出现了多次财务问题，所以银行对于使用贴现窗口极其谨慎，以免被解读为面临财务困难。银行市场的多次动荡使 FOMC 更难以根据借入准备金估计 FFR 的范围。

1987 年，股票市场暴跌，为保证稳定的信贷供给，美联储鼓励银行向其借款。但由于银行使用贴现窗口的意愿极低，事实上通过公开市场操作提供准备金更为有效。因此，FFR成为判断准备金水平是否充足的指标。1988年初，尽管股市受到冲击，但经济增长明显加快，FOMC开始收紧政策并讨论是否恢复借入准备金目标。然而，准备金量和FFR之间没有重新出现稳定的关系，因此仍主要使用FFR作为政策目标，且对其波动的容忍度有所提升。

整体而言，面对20世纪80年代初期两位数的通货膨胀率、居高不下的失业率和失去活力的美国经济，美联储不得不调整货币供应量来保证FFR处于目标区间内，从而客观上以FFR为中间目标（Mishkin，2011），于是价格型货币政策调控模式逐渐形成。1982—1989年，经济稳健增长，而通货膨胀率在大多数时间内都被控制在3%~5%的范围内。沃尔克的强力政策使20世纪90年代的通胀和通胀预期稳定在了2%左右，为被称为"大缓和"（the Great Moderation）的长期经济稳定奠定了基础。

（三）格林斯潘时期：1987—2006年

金融脱媒不断地削弱货币供应量与经济增长等最终目标之间的关系。格林斯潘就任美联储主席后，美联储基本**以FFR作为货币政策的中间目标**。在最终目标的选择上，与沃尔克关注通货膨胀不同，格林斯潘**既关注物价稳定，也关注适度经济增长**，注重二者的平衡，且更看重经济增长。在格林斯潘执政时期，**泰勒规则**（Taylor rule，也被称为货币政策的反应函数）成为美联储决策的重要依据，利率在货币政策调控体系中的核心地位得到巩固。

20世纪末，金融创新非常活跃，货币市场基金、NOW账户等新型金融产品的出现降低了M1的准确性。1987年，美联储宣布将中间目标换成口径更宽的M2，1989年将操作目标换成准备金总量。即便在20世纪90年代初，美联储也将非机构类货币市场基金和机构类市场共同基金分别纳入 M2 和 M3 的定义中，M2 与宏观经济活动之间的联系也持续弱化。

在这一挑战下，美联储放弃设定 M2 目标。1993 年 7 月，时任美联储主席格林斯潘在国会听证会上宣布，美联储不再以任何货币总量作为货币政策实施的目标，转而将**联邦基金利率作为中间目标**。虽然在沃尔克时期，FFR 已经实质上成为重要的政策目标，但在格林斯潘时代，利率才真正成为官方宣布的货币政策中间目标，并沿用至今。FFR 能够敏感地反映银行之间的资金情况，是金融市场上关键的基准利率。

FOMC 每年召开八次会议来调整并公布 FFR 的目标区间，并在每次会议之后公布会议纪要。这些货币政策制定的具体实践使利率政策的透明度较之前大幅提升，有助于引导公共预期向政策目标发展。FOMC 的沟通有多种渠道。会议纪要的前两段分别包含对自上次 FOMC 会议以来经济变化的评估和对其近期动态的预测。一年四次的经济预测摘要（SEP）包含个别 FOMC 成员对产出、失业率和通胀率的预测，以及点阵图中的 FFR 预测。

在 FOMC 确定利率目标之后，美联储通过公开市场操作等工具将 FFR 维持在目标区间内。FFR 是银行拆借准备金的隔夜利率，然而与经济活动更为相关的是各种期限的利率。根据预期理论以及流动性偏好理论，FFR 的变化也会带动中长期利率发生相应变化，利率期限结构由市场参与者预期的远期利率决定。因此，FOMC 不仅需要指定 FFR 目标，还需要及时引导市场预期，使整条收益率曲线对经济中的消息做出稳定反应。

因为 FOMC 不会明确具体的操作策略，所以它没有解释如何对最终目标做出反应。泰勒（Taylor，1993）指出，1987—1992 年间 FOMC 的货币政策实践可以用泰勒规则概括，即

$$i_t = i^* + \alpha_\pi \pi_t + \alpha_x x_t + \varepsilon_t$$

其中，i_t代表联邦基金利率，π_t代表通胀率，x_t代表真实GDP缺口，ε_t代表货币政策冲击。α_π和α_x分别是货币政策对通胀率和产出缺口的反应系数，i^*是联邦基金利率的中性水平。在泰勒规则中，货币政策中间目标是联邦基金利率，它对通胀率和真实GDP缺口做出反应。泰勒规则代表了"中性"的货币政策，即利率保持中性水平，不刻意刺激或抑制经济，从而实现低通胀率条件下经济的持久、稳定增长，也解决了相机抉择的时间不一致问题。

总的来看，1994—2006年间，美联储以泰勒规则为框架，以公开市场操作为主要工具，不断根据产出和通胀率的变化调整联邦基金利率水平：一方面积极调控预期，根据对未来通胀率和经济增速的预期制定政策；另一方面及时对经济中的信息做出反应，经济疲软时下调利率刺激经济，经济过热时上调利率抑制通胀。利率调整的幅度一般较小，但次数相对频繁，以引导长期利率平稳变化。

（四）伯南克时期：2006—2013年

2006年2月，本·伯南克就任美联储主席。伯南克主张"**灵活的通货膨胀目标制**"，控制通胀先于促进经济增长，在维持价格稳定的基础上应对经济变化。这一时期，美联储更加注重公众沟通和政策透明度，通过**前瞻性指引**稳定和引导市场预期。在2007年金融危机爆发后，美联储果断采取了高度扩张的**非常规货币政策**。

这一时期，美联储采用核心PCE（个人消费支出平减指数）而非GDP平减指数作为通胀指标，原因是在实际决策中GDP不能很好地衡量物价变化情况。不仅如此，伯南克还提高了标准泰勒规则中利率对通胀和产出的系数，修正后测算的利率与FFR高度一致。事实上，在21世纪初，世界上许多国家和地区的中央银行均已采用了通胀目标制的货币政策框架。以通胀为目标的央行通常不仅仅关注通胀，如拥有"灵活"通胀目标的央行通常兼顾经济增长目标。

在通胀目标制下，中央银行货币政策的沟通渠道和透明度十分重要，只有让公众清楚地理解政策，政策才会最有效。为实施灵活的通胀目标制，美联储通过季度新闻发布会、经济预测摘要和点阵图向市场提供前瞻性指引。起初 FOMC 对前瞻性指引的描述较为模糊，不说明政策的实施时间和终止条件，后来措辞变得更明确，并且加入了经济情况参考。

为应对金融危机，美联储从 2007 年 9 月 18 日开始进入降息通道，到 2008 年底将目标区间降至 0～0.25%，这是美国有史以来第一次实施零利率政策。受目标利率区间降低的引导，实际 FFR 和各期限国债收益率均不断随之下行。虽然利率达到零下限，但美联储承诺会实行更长期限的宽松货币政策。为此，美联储还开展了扭转操作以拉平收益率曲线，在短期利率接近零利率下限的情况下持续提供流动性。美联储共采取了四轮量化宽松（quantitative easing，QE）政策（见表2-1）。量化宽松操作在短时间内为市场注入了大量流动性，前瞻性指引则配合稳定了市场利率预期，以恢复金融市场运行和遏制经济衰退。

表2-1 美国量化宽松的时间与具体操作

	时间	具体操作
QE1	2008-11—2010-06	2008 年 11 月 25 日购买房利美、房地美直接债务和抵押贷款证券，2009 年 3 月 18 日购买 7 500 亿美元机构抵押贷款支持证券及 1 000 亿美元机构债券，2009 年 11 月 4 日购买 1.25 万亿美元机构抵押贷款支持证券和 1 750 亿美元机构债券
QE2	2010-11—2011-06	每月购买 750 亿美元国债，总规模达到 6 000 亿美元
QE3	2012-09—2014-10	不设期限，每月购买 400 亿美元抵押贷款支持证券
QE4	2013-01—2014-11	每月购买 450 亿美元国债

资料来源：苏乃芳和张文韬（2021）.

2012年1月，FOMC发布了《**长期目标和货币政策策略声明**》（下文简称《声明》）。《声明》首次系统概括了美国的货币政策调控体系，包括策略、工具和沟通实践，阐明了美联储的货币政策实践，首次公布了明确的通胀目标为2%（PCE的年度变化），而没有设定最高失业率的具体数字，原因是劳动力市场的结构受到可能随时间变化的非货币因素的强烈影响。《声明》是FOMC的行动基础。

虽然金融危机使美国的GDP增长率在2008年第1季度下降到了负值，但宽松的货币政策使其在2009年第3季度回正。失业率的变化更为滞后，2010年已经接近10%，在多种政策配合下于2014年底下降到5.6%，基本回到危机前水平。物价也回归稳定，通货膨胀率在2014年处于1%~2%的水平内。

（五）耶伦时期：2014—2017年

2014年2月，耶伦接任美联储主席，其任期内的主要任务是实现**货币政策正常化**，主要包括加息和缩表。随着美国经济恢复正常运转，货币政策回归正常化是必然要求。非常规货币政策提供的大量流动性在一定程度上促进了房地产和股票市场的繁荣，但也埋下了隐患。不仅如此，非常规货币政策还有着明显的溢出效应。在低利率环境下，量化宽松释放的大量流动性流入其他国家，威胁全球货币金融体系的稳定性。

在耶伦就任之前，FOMC就曾于2011年6月提出了量化宽松的退出路径：

第一步，缩减资产购买规模，终止量化宽松操作。2013年12月，美联储宣布缩减长期国债购买规模。2014年，美联储多次宣布缩减资产购买规模，并自10月起结束资产购买，正式退出量化宽松。自此，美联储货币政策的正常化不断推进。

第二步，提高联邦基金利率目标，扩大货币政策空间。在 2008 年之后，0~0.25% 的 FFR 目标区间曾维持了数年。在退出量化宽松后，美国经济仍比较稳定，失业率下降伴随着通胀率上升。因此，在 2015 年底，美联储正式开始加息，标志着美联储货币政策正常化进程的开启。2016—2018 年间，美联储多次加息，FFR 的目标区间达到了 2.25%~2.5%。①

第三步，缩减资产负债表规模。在量化宽松政策施行后，美联储的资产负债表规模在 2008 年 9 月到 2013 年 9 月间扩大了四倍。2017 年 10 月，美联储正式开始缩表，并于 2019 年 9 月将资产规模缩减到原来的 85%。

三、美联储的新型货币政策调控体系

2018 年 11 月，新任美联储主席鲍威尔宣布对 FOMC 框架开展首次公开审查，在听取社会意见后，FOMC 于 2019 年 1 月对《声明》做出了更改。对美联储而言，常规的自我审查对于修订框架以适应不断变化的经济环境十分重要。FOMC 大约每五年对其货币政策策略、工具和沟通实践进行一次定期审查。

2020 年 8 月，FOMC 再次修订《声明》，宣布了新的货币政策框架。美国的货币政策发生了重大变化。由于最高就业水平无法直接衡量，而且会因与货币政策无关的原因而随时间变化，所以新框架仍没有设定具体的就业目标。2% 的长期通胀目标保持不变，被认为是最符合美联储双重使命的水平。无论是不对称的就业目标，还是平均通胀目标，都体现了在低利率和经济疲软的背景下，美联储对通货膨胀

---

① 然而，由于经济复苏乏力，2019 年下半年，美联储重启降息。2020 年，新冠疫情的冲击进一步推动了利率下降。

表现出了更高的容忍度。

在充分就业目标方面，更新的《声明》强调，就业目标具有广泛性和包容性，影响整个而非部分劳动力市场。新框架中的货币政策旨在降低当前就业水平与FOMC评估的最大就业水平的"缺口"（shortfall），而上一版本的表述是"偏离"（deviation）。最大就业被定义为不会使价格稳定目标面临持续压力的最高就业水平。这一表述说明：FOMC将对高失业率做出反应，但不会对特别低的失业率做出反应，除非通货膨胀威胁到经济。货币政策应一直致力于消除就业缺口。此外，新框架还指出，政策可能会考虑阻碍目标实现的金融体系风险。

在价格稳定目标方面，美联储调整了实现2%的长期通胀目标的策略，而开始采用2%的灵活的平均通胀目标（flexible average inflation targeting，FAIT），即在一段时间内实现平均2%的通胀率。FOMC将平均2%定为事前（ex ante）目标，但并未承诺在任何情况下均实现平均2%的事后（ex post）通胀结果。具体来说，如果通胀率持续低于2%，那么接下来一段时间内的货币政策可能旨在实现适度高于2%的通胀率。

FAIT的实施有助于美联储弥补过去很长时间内利率未能达到目标的情况，并进一步强化2%的长期通胀预期。2012年的《声明》即明确公布了2%的官方长期通胀目标。但实际上，美国在2012—2020年间以PCE衡量的通胀率仅为1.8%，长时间低于2%的目标，通胀目标的可信度被动摇。美联储主席鲍威尔（Powell，2020）指出，如果通胀率在经济下滑后低于2%，但在经济强劲期间不超过2%，那么随着时间的推移，平均通胀率将低于2%。如果家庭和企业对此形成预期，那么通胀预期会低于通胀目标并拉低已实现的通胀率，而这在低利率环境下是极其危险的。

在新框架下，随着时间的推移通胀率将平均为2%，这有助于投资者、企业家和消费者做出经济决策，提升美联储的货币政策可信度。如图 2-1 所示，在实施新框架的第一年内，两个反映通胀预期的指标均已经走高（Bullard，2021）。2021 年 12 月的 FOMC 经济预测摘要也指出，2022—2024 年总体 PCE 通胀率和核心 PCE 通胀率将继续高于 2%。这体现了新框架的目标，即允许通胀率在一段时间内适度高于目标，以达成灵活的平均通胀目标制。新框架提出了 FAIT 和不对称的就业目标，这表明美国的货币政策将在很长一段时间内保持宽松，也侧面验证了利率接近有效下限（ELB）是货币政策面临的艰巨挑战。自美联储于 2012 年正式采用 2% 的通胀目标以来，美国经济的中性实际利率（即长期内与双重使命相符的利率水平）大幅下

图 2-1　美国通货膨胀率：2012-01—2022-01

资料来源：美联储圣路易斯分行（FRED）.

说明：5y*5y 预期通胀率衡量了从五年后开始，五年内的预期通胀率的平均水平。构造方法如下：

$$\left[1+\left(\frac{BC\_10YEAR-TC\_10YEAR}{100}\right)^{10}\right] \bigg/ \left\{\left[1+\left(\frac{BC\_5YEAR-TC\_5YEAR}{100}\right)^{5}\right]^{0.2}-1\right\} \times 100$$

其中，BC_10YEAR 和 TC_10YEAR 分别是 10 年期的名义国债收益率和经通胀调整后的国债收益率，BC_5YEAR 和 TC_5YEAR 分别是 5 年期的名义国债收益率和经通胀调整后的国债收益率。5y 均衡通胀率则代表了市场参与者对未来 5 年平均通胀率的预期，由 5 年期国债固定期限证券 (BC_5YEAR) 和 5 年期国债通胀指数固定期限证券 (TC_5YEAR) 计算而得。PCE 通胀率来自 FRED 的修剪平均 PCE 通胀率，该序列由达拉斯联储使用经济分析局 (BEA) 的数据计算得出，衡量了 PCE 价格指数的核心通胀率。

降。2012年1月，FOMC对FFR的长期预测值为4.25%，而2019年6月降至2.5%并保持至今。

事实上，对美国而言，低利率并不是全新的现象，而是已经成为长期趋势。自20世纪80年代起，美联储共开展了五轮加息，然而每轮加息结束后的利率水平都变得越来越低，整体上呈现出明显的下行趋势（见图2-2）。长期低利率将导致"流动性陷阱"，即中央银行投放的流动性被市场囤积，无法达到降低利率的政策目标，也无法进一步刺激消费和投资。

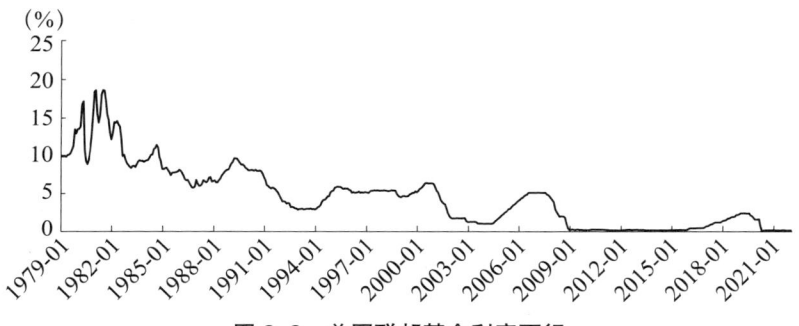

图2-2 美国联邦基金利率下行

资料来源：美联储圣路易斯分行.

Clarida（2021）指出，除了持续低利率环境之外，美国经济还有两个方面出现了明显改变：一是价格通胀对资源松弛的反应较弱；二是基于历史估计的菲利普斯曲线与现实情况存在较大偏差，表现为失业率下降伴随着实际工资水平的增长及其占国民收入份额的提升，但没有引起相应的通货膨胀。这些改变共同促使美联储出台新框架以应对新挑战。

新型货币政策框架没有对美联储的政策工具包如收益率曲线控制（YCC）、量化宽松、负利率政策等展开讨论。作为两种非传统利率调控手段，收益率曲线控制与量化宽松都通过直接买卖债券改变市场利率和流动性水平，与通过公开市场操作实现的传统利率调控截然不同。在量化宽松过程中,美联储购入债券并抬高价格,从而降低长期利率和借贷成本,但不寻求设定特定的长期利率。然而在收益率曲线控制政策下,美联储会设定一个具体的长期利率目标,并按市场需求适应性地提供足够的债券。

在世界范围内,YCC政策曾主要被三个货币当局采用:二战期间,美联储限制了整条曲线的收益率,以保持国债借贷成本低且稳定;自2016年以来,日本央行将10年期收益率的目标设定为继续宽松,同时限制收益率曲线过度趋平的可能性;自2020年3月以来,澳大利亚储备银行已将三年期收益率作为目标,以加强对其政策利率的前瞻性指引,并影响该国融资利率(FOMC,2020)。

四、其他发达国家的货币政策调控体系

(一)英格兰银行的货币政策调控体系

英格兰银行是英国的中央银行。二战结束后,英国共实行了五种货币政策制度(Osborne,2013)。

(1)**固定汇率制**(1948—1971年)。二战结束后,在布雷顿森林体系下,美元和32个成员国货币间建立了固定的兑换比率。英国只能在固定汇率制的框架下实施货币政策,如直接控制信用创造和境外资本流入。由于货币政策受到汇率和经常账户的约束,财政政策在管理经济需求方面更有效。在这一期间内,国际收支危机和英镑贬值时常发生,如1949年和1967年。

(2)**无货币锚的浮动汇率制**(1971—1976年)。1971年,美国宣布美元停止兑换黄金,布雷顿森林体系崩溃。在接下来五年的大部分时间里,英国实行浮动汇率制,但没有公布货币锚,货币政策框架

是不透明的（King，1998）。1973年的石油危机和1976年的英镑危机表明：这一时期内，英国通胀率较高且波动剧烈，同时产出增长疲软。

（3）**钉住货币总供应量制**（1976—1987年）。在这一期间内，货币政策旨在控制各种货币总供应量以抑制通货膨胀。钉住货币总供应量要求货币流通速度稳定，且货币总供应量与通货膨胀之间存在直接关系。然而，英国在1979年放宽了外汇和信贷管制，金融创新也使监测货币总供应量变得更加困难，且货币与宏观经济之间的关系的稳定性降低了。虽然通货膨胀被成功控制，但货币框架本身仍不稳定。

（4）**钉住汇率制**（1987—1992年）。英国于1989年加入汇率机制，和欧洲其他国家的政策制定者一起将货币政策导向以汇率为目标。英格兰银行调控国内利率以英镑兑德国马克（名义锚）价格稳定为目标。面对大规模的国际资本流动和投机，货币当局无法无限期维持汇率目标。这导致了产出和价格频繁波动，以及1992年英镑大幅贬值。

（5）**通货膨胀目标制**（1992年至今）。①**货币政策不独立**（1992—1997年）。退出汇率机制后，英格兰银行允许英镑自由浮动，并首次宣布了通胀目标。基于不包括抵押贷款利息支付的零售价格指数（RPIX）的通货膨胀率保持的目标范围为1%～4%，后在1995年预算中被指定为2.5%或更低。这一时期虽然实行了通胀目标，但货币政策仍由财政大臣制定，尚未具备独立性。虽然通胀率确实下降了，但通胀率预期仍高于官方目标。

②**独立的货币政策委员会**（1997年至今）。英格兰银行下设的货币政策委员会（MPC）从1997年5月开始独立操作货币政策。货币政策独立性对于克服时间不一致具有重要意义，还有助于货币当局明确目标，以提高货币政策的可信度和实行问责制，稳定通胀水平并

锚定通胀预期。最初的目标是以 RPIX 衡量的通胀率为 2.5%，但于 2003 年 12 月更改为消费者价格指数同比增长 2%，并一直适用至今。

MPC 负责维持货币稳定，包括物价稳定和信贷稳定。MPC 设定应用于准备金余额的利率（每年八次），并确保其影响商业银行向家庭和企业提供贷款和从他们那儿吸收存款的利率，从而鼓励支出。MPC 也可以通过资产购买便利（APF，也称量化宽松）来发放央行货币，从二级市场买入英国政府债券（"金边债券"）和符合条件的公司债券，从而降低收益率并提升金融资产价格，刺激经济。

英格兰银行下设的金融政策委员会（FPC）负责维持金融稳定，控制英国金融体系的系统性风险，并以支持政府的经济政策为次要目标。FPC 负责使用临时流动性框架，形式可以是短期的英镑货币便利（SMF），如无担保存款和融资工具、回购操作和证券借贷，也可以是提供长期英镑流动性以及某些非英镑货币的流动性等。图 2-3 总结了英格兰银行的货币政策工具及其分工。

（二）欧央行的货币政策调控体系

欧央行的主要目标是维持价格稳定，同时促进经济增长和创造就业机会。货币政策通过引导短期利率影响经济发展，在中期内维持欧元区的价格稳定。具体的通货膨胀目标为：欧元区消费者价格协调指数（HICP）的同比增长率在中期内维持在低于但接近 2% 的水平。

欧央行理事会每六周对经济发展和货币状况进行一次评估，以制定下一阶段的货币政策。货币政策工具包括公开市场操作、常备便利和准备金要求，后加入了非常规政策工具，包括针对金融危机的资产购买计划（APP）和针对新冠疫情的流行病紧急购买计划（PEPP）。所有货币政策工具都是基于欧元体系的货币政策工具法律框架。该框架由总体框架和临时框架组成。

第二章 货币政策调控体系的比较

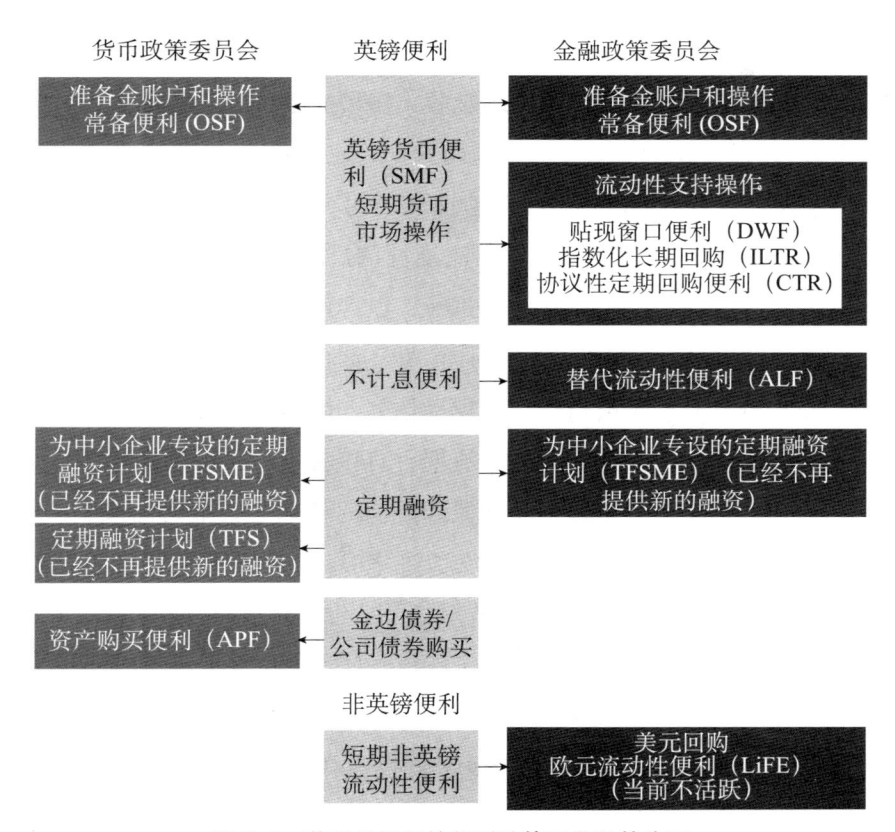

货币政策委员会	英镑便利	金融政策委员会
准备金账户和操作常备便利(OSF)	英镑货币便利(SMF)短期货币市场操作	准备金账户和操作常备便利(OSF)
		流动性支持操作 贴现窗口便利(DWF) 指数化长期回购(ILTR) 协议性定期回购便利(CTR)
	不计息便利	替代流动性便利(ALF)
为中小企业专设的定期融资计划(TFSME)(已经不再提供新的融资) 定期融资计划(TFS)(已经不再提供新的融资)	定期融资	为中小企业专设的定期融资计划(TFSME)(已经不再提供新的融资)
资产购买便利(APF)	金边债券/公司债券购买	
	非英镑便利 短期非英镑流动性便利	美元回购 欧元流动性便利(LiFE)(当前不活跃)

图 2-3 英格兰银行的货币政策工具及其分工

资料来源：英格兰银行市场操作指引.

公开市场操作在引导利率、管理市场流动性状况和表明货币政策立场方面发挥着重要作用。欧央行公开市场操作直接作用于 EONIA（欧元隔夜平均指数）利率。欧央行没有官方公布的操作目标，一般通过定期的主要再融资操作（MRO）来表明货币政策立场。MRO 以固定利率或浮动利率投标的形式执行，前者的适用利率或后者的最低投标利率代表了货币政策立场，因而是最重要的公开市场操作。欧央行通过提供适量的准备金使银行间拆借利率接近由常备借贷利率形成的利率区间的中点。在宣布 MRO 时，欧央行还会发布一份对从宣布

— 49 —

之日起至 MRO 结算前一天的银行系统流动性需求的预测。由于欧央行提供的准备金较为充足，可以吸收市场资金面的日常波动，欧央行通常每周执行一次 MRO，期限为两周。

此外，MRO 是定期提供流动性的反向交易，频率和期限通常为一周。长期再融资操作也是提供流动性的反向交易，其期限比 MRO 更长。长期再融资操作每月定期执行，以浮动利率招标。由于欧央行不利用长期再融资操作向市场传递信号，因此通常接受市场利率而不公布官方利率水平或预测。除常规操作外，欧元系统还可以临时开展微调操作，包括反向操作、外汇掉期、直接买卖、接收定期存款等方式，还可以通过反向交易或发行债务凭证的形式开展结构性操作，以调整欧元系统相对于金融部门的流动性结构。

欧元体系还提供两种常备借贷便利，旨在发放和回收隔夜流动性，表明总体货币政策立场并约束隔夜市场利率，由成员国中央银行分散管理。一是边际贷款便利。它可以主动申请也可以用日终借方头寸自动转换，适用利率高于 MRO 最低投标利率，只要资产符合条件，可以提供的借款额度没有限制。由于该工具是隔夜到期的，所以其利率为隔夜市场利率设置了上限。二是存款便利。交易对手在提出申请后，可以在国家中央银行进行隔夜存款。存款便利的利率低于 MRO 最低投标利率，是隔夜市场利率的下限。

（三）日本银行的货币政策调控体系

日本银行是日本的中央银行。《日本银行法》规定，货币政策的目标是实现价格稳定，从而为国民经济的健康发展做出贡献。"价格稳定"被定义为一种状态，在这种状态下，包括家庭和企业在内的各种经济主体可以就消费和投资等经济活动做出决策，而不必考虑总体价格水平的波动。因此，价格稳定必须是可持续的。

价格稳定目标是与可持续价格稳定相一致的通货膨胀率。在 2013 年《货币政策实施框架下的价格稳定目标》发布之前，中长期价格稳定目标是消费者价格指数（CPI）同比变动率处于 0~2% 的区间。《货币政策实施框架下的物价稳定目标》发布之后，这一中长期目标（goal）被替换为中短期目标（target）——CPI 同比涨幅为 2%，体现了货币政策灵活性的提升，原因是货币政策传导至实体经济有相当长的时滞。

《政府与日本银行关于克服通货紧缩和实现可持续经济增长的联合声明》指出，随着日本经济的竞争力和增长潜力提升，与可持续价格稳定一致的通货膨胀率也会上升。实际通货膨胀率上升会带动预期通货膨胀率上升。由于预计价格将适度上涨，为了稳定通货膨胀率，日本银行认为 2% 是合适的目标水平。

在可持续价格稳定目标下，日本银行定期评估各种对经济活动和价格产生重大影响的风险，并主要在《经济活动和价格展望》（展望报告）中定期公布货币政策。日本银行的政策委员会在货币政策会议（MPM）上决定对货币政策的基本立场，为货币市场管理委员会的货币市场操作制定适当的指导方针。根据货币市场操作指引，日本央行主要通过货币市场操作来控制货币市场的资金量，且每晚向公众发布第二天的关键因素预测。

日本央行的短期公开市场操作可分为两大类：资金提供操作和资金回收操作。一些工具可用于提供临时流动性，包括对国库券或商业票据的短期回购（使用最为频繁）、以现金抵押品借入证券（JGB 回购）、直接买入常备抵押品池支持的票据。这些操作的期限较短，一般从一周到三个月不等，除了购买商业票据外还可以延长到六个月（也可以短于一周）。日本银行通过定期直接购买国债提供长期资金，主要通过国库券回购和直接出售日本央行票据回收资金。

日本银行提供的借贷便利包括补充借贷便利和长期支持计划。补充借贷便利的申请人必须有合格的抵押品，贷款利率为官方公布的贴现率，期限为隔夜，但最多可延长至五个工作日。官方贴现率高于隔夜拆借利率的操作目标，设定了利率上限。长期支持计划由日本央行在必要时自行决定，主要向持有合格抵押品的私营金融机构提供贷款。

日本央行还通过资金供应操作（funds-supplying operations）直接向金融机构提供资金，例如向持有合格抵押品的金融机构提供贷款。这些贷款具体包括美元、欧元、英镑等其他货币的贷款，以及为气候变化、流行病和受灾区域提供的专项贷款。

五、发达市场与中国货币政策调控体系的共性问题

现代货币政策调控体系因经济体的实际情况而异。但在我国以及美英等发达市场，它都是由货币政策目标体系、货币政策工具体系和货币政策传导体系构成的。由于传导体系的地区差异相对较小，上文着重介绍了目标体系和工具体系。无论个体偏好和宏观经济变量的地区差异如何，货币政策调控体系作为一套科学的货币政策实践方式，作为中央银行影响经济的载体，都存在一般规律。接下来我们将基于本章内容，梳理国际范围内货币政策调控体系的共同特点、共同挑战，并由此得出对我国建设现代货币政策调控体系的启示。

（一）相同的货币政策目标：物价稳定与经济增长

虽然根据弗里德曼的货币需求理论，在长期内，货币供应量的变化只会影响价格而不会影响实际产出，但在短期内，由于物价和工资水平的调整速度较慢，利率和货币供应量的变化能够影响实际生产

活动。当经济衰退导致物价和总需求下降时，央行可以采取投放流动性的扩张政策以刺激需求。而当经济过热导致通货膨胀和总需求过剩时，可以采取回收流动性的紧缩政策以抑制需求。

由于多种宏观经济指标都会影响货币政策，中央银行需要从中选取最终目标。在20世纪七八十年代之前，各国货币政策往往是多目标制的，其目标涵盖经济增长、充分就业、价格稳定和国际收支平衡等多方面的内容。然而，多重目标容易产生冲突，例如，在滞胀的情况下，中央银行无法兼顾经济增长和价格稳定。因此，在世界范围内，货币政策的最终目标正从多重目标向单一或双重目标演进。多重目标意味着需要在各目标之间进行权衡，这不仅增加了央行的工作量，而且要求有更多的货币政策工具与之对应。

在单一目标制下，价格稳定是唯一的货币政策最终目标。中央银行是一国货币的发行方，货币是价格的衡量单位，因此，维持价格稳定是中央银行最基本的职能。价格波动会对消费、储蓄和投资等决策产生负面影响，阻碍资源有效配置，扭曲收入分配，给经济平稳运行带来巨大阻碍。需要注意的是，价格稳定是指通货膨胀水平较低但高于零。如果通胀目标为零，那么经济在冲击下极易表现为通缩，即低增长率和高失业率并存，如美国经历的大萧条，且货币政策发挥作用的空间极其有限。双重目标制则以美联储推行的双重使命为代表，它将充分就业与价格稳定置于同等地位。

在20世纪90年代初，人们发现中央银行承诺通货膨胀率可以有效实现价格稳定，原因是经济主体的决策直接受其通胀预期的影响。因此，目前不论是单一目标制还是双重目标制，其价格稳定目标一般都直接锚定通货膨胀率，即由中央银行对消费者价格的变动幅度做出公开承诺。根据 Osborne（2013）的整理，新西兰联储银行、加拿大央行、英格兰银行、澳大利亚联储银行和瑞典央行已于1990—1993

年间陆续制定了明确的通胀目标,欧央行、美联储和日本央行也分别于 2000 年、2012 年、2013 年对外公布了通货膨胀的目标水平。通过公布明确的通胀目标,央行可以有效引导市场预期,提高政策透明度,从而及时直观地向市场传递政策信号。

根据相关学者对我国现代货币政策框架的总结,中国人民银行当前的最终目标为"以币值稳定为首要目标,更加重视就业目标",与国际实践相符。但中间目标为"广义货币供应量(M2)和社会融资规模增速同名义经济增速基本匹配",属于数量型调控框架,与发达国家的主流选择不同。

在货币政策调控体系中,最终目标、中间目标和政策工具关系紧密。如果最终目标权重不同,中间目标则偏向于最重要的最终目标。例如,沃尔克曾用货币主义思想严格控制美国的货币总供应量,进而控制通货膨胀。中间目标的选择对货币政策调控的主要渠道有直接影响,利率型货币政策更容易通过利率、资产价格等渠道传导,而数量型货币政策更容易通过信贷、银行资产负债表等渠道传导。货币政策传导渠道的异同会在本节后文详细展开。

(二)共同的货币政策威胁:低利率

美联储新型货币政策框架主要调整了通货膨胀目标,以应对长期低利率环境和经济复苏乏力。金融危机前,有文献指出:可靠的通胀目标制货币政策可以有效锚定长期通胀预期(Clarida 等,1999;Woodford,2003)。在实践层面上,全球中央银行也就 2% 左右的通胀目标基本达成共识。然而,如果利率低至接近有效利率下限,那么灵活的通胀目标制货币政策将无法锚定通胀目标,而是会产生低于目标水平的通胀预期(Mishkin,2016;Mertens 和 Williams,2019;Bernanke,Kiley 和 Roberts,2019)。通胀预期的向下偏差还会反过来压缩政策空间,因为名义利率同时反映实际利率和预期通胀。

中性政策利率的下降不仅发生在美国,而且已经成为一种全球现象,市场普遍预计将持续数年(Clarida,2019)。为刺激经济复苏,全球多个货币当局纷纷降低利率,欧元区和日本甚至实行了负利率政策。再加上美联储宽松货币政策在全球范围内的溢出效应,目前世界主要发达经济体已经全部进入低利率和负利率区间。宽松的货币政策只会对利率水平产生中短期影响,经济结构的根本变化,如老龄化、生产率增速下降和储蓄率提升等长期因素才是低利率走势难以逆转的根本原因。

低利率给全球货币政策带来的挑战十分严峻。自2013年以来,日本央行确定的通货膨胀目标(2%)基本未能实现,2014年的例外与大规模量化和质化宽松有关。2020年,无调整的CPI、剔除生鲜的CPI、剔除生鲜和能源的CPI同比变动已分别降至0、−0.2%、0.2%。不仅如此,而且日本央行发布的通胀预测也一直过于乐观。图2-4显示,2014—2021年的通胀预测均在发布后几年内随着实际经济情况的变化而被迫向下调整。2018年4月,日本央行不再宣布通胀达到2%的预计时间,表明已经对很快实现这一目标失去信心。

利率调控是传统货币政策框架的核心手段,中性政策利率的大幅下降压缩了中央银行发挥政策作用的空间。在低利率环境下,人们预期未来的投资回报更高,于是大量囤积货币,导致中央银行降低利率难以直接刺激投资,且利率能够降低的空间本就已经很小。经济的不确定性还会使家庭推迟支出,可能导致需求疲软和通缩压力进一步相互强化。货币政策传导机制受到严重阻碍,在短期内难以发挥政策效果,在长期内会扭曲实体经济。长期低利率环境还可能导致投资者追逐高风险高收益,积累金融风险。

低利率也给传统金融业带来了更大的挑战,影响了货币政策的信

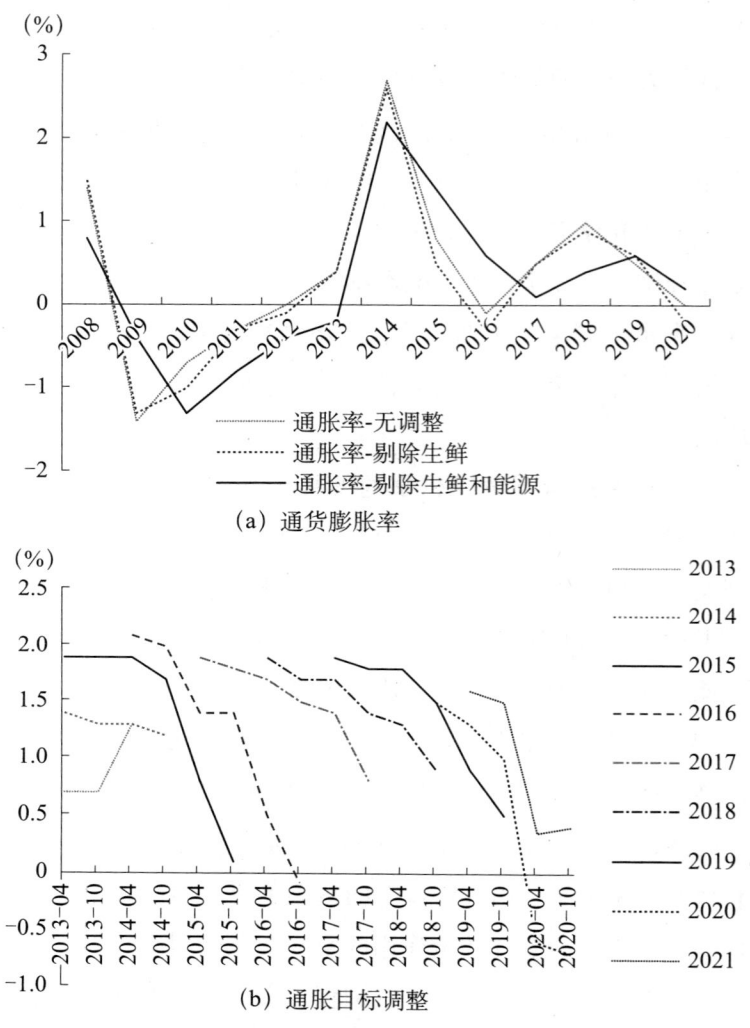

图 2-4 日本的通货膨胀率与通胀目标调整

资料来源：日本央行.

贷传导渠道。一方面，低利率导致信贷收缩，不利于经济发展。经济低迷使银行贷款需求下降，低利率又抑制了银行的贷款供给。另一方面，低利率导致银行业务风险上升，增大了金融风险。由于净利息收入被压缩，银行被迫主动转向利润更高但风险更大的非传统业务。而由于企业经营条件恶化，银行被迫面临更高的信用风险。

相较于主要发达国家，我国货币政策仍有较大的操作空间，且较快的经济增长减轻了利率走低的压力。总体上，低利率不仅会影响个体、企业和银行等多部门决策，扭曲实体经济和金融资源配置，还会压缩货币政策空间，加大央行在维持价格稳定、充分就业、经济增长与金融稳定等目标之间进行权衡的难度。

（三）趋同的货币政策操作：工具选择与期限搭配

中央银行创设货币政策工具以政策目标和实际经济情况为依据，因此各国的工具名称和操作方式各有特色，但其货币政策工具箱的基本构成是极为相似的，包括超短期的公开市场操作、短期的常备借贷便利、中长期的再贷款和以资产购买为主要形式的量化宽松等非常规政策。只有拥有了期限丰富的货币政策工具，央行才能准确引导相应期限的利率和信贷投放，以应对金融市场和实体经济的复杂情况。

公开市场操作可以灵活地投放或回收短期流动性，影响超短期市场利率。常备借贷便利增强了银行的流动性管理能力，构成了利率走廊的上限。银行间拆借利率不会高于央行提供资金的利率，否则银行会选择向央行而非其他银行借入资金。利率走廊可以有效抑制短期利率波动，稳定市场的利率预期，是国际通用的利率政策手段。

在数量型工具中，再贷款可以有效引导银行的长期信贷投向，而资产购买能够直接影响资产价格和长期利率。我国尚未使用量化宽松政策，但其他货币政策工具均与国际实践接轨。近年来，中国人民银行推出了较多的结构性货币政策工具，如定向中期借贷便利、普惠小微企业贷款延期支持工具和普惠小微企业信用贷款支持计划等，这些工具本质上仍属于常备借贷便利和再贷款类工具，只是对资金投向的要求更加严格。

除了上述政策工具之外,传统的存款准备金要求也被广泛采用,但一般不被频繁使用,以免对经济的影响过于剧烈。中、美、欧、日均对存款准备金中超出法定要求的部分支付利息。存款准备金要求是数量型工具,通过影响银行可用的准备金存款数额限制银行信用创造。然而,超额存款准备金利率(IOER)是价格型工具,构成了利率走廊的下限。银行间拆借利率不会低于IOER,否则银行会选择将资金存在准备金账户中,而不借给其他银行。

准备金余额可直接用于银行间的支付清算与结算,且受到央行操作的直接影响。当余额不足时,银行可以从同业机构拆入资金,回购或卖出证券,也可以直接使用借贷便利或申请再贷款。银行间市场利率及时反映了金融机构资金的松紧程度,而央行通过公开市场操作可以直接对其产生影响。根据市场的不同情况,公开市场操作影响准备金余额的频率和幅度可能存在差异(Blenck等,2001)。

(四)协同的货币政策传导:金融市场与外溢效应

随着金融市场的发展,货币政策的传导渠道日益丰富,除了利率、货币、汇率等传统传导渠道外,还出现了资产负债表和利润、风险承担、预期等新型传导渠道(见表2-2)。虽然在全球范围内,金融市场和经济的发展程度不同,传导渠道也呈现出较大差异,但主要经济体均具备货币政策传导所需的多种媒介:货币市场主要为金融机构融通短期资金;资本市场为金融资产交易提供平台;商业银行与中央银行交易并向个人和企业发放信贷;等等。Angeloni等(2003)和Berben等(2004)分别研究了货币政策传导在美欧之间和欧洲内部各国之间的异同。

表2-2 货币政策传导渠道

传导渠道	传导方式
利率	影响货币市场利率、银行融资成本以及储蓄和借贷成本
货币	通过改变货币总供应量影响经济中的流动性状况，进而影响支出
汇率	影响进口价格和产品竞争力
资产价格和财富	影响资产价格，资产价格再通过估值效应影响财富水平
资产负债表和利润	影响私人部门资产负债表、净资产和抵押品价值
银行融资和信贷	影响银行贷款供求
银行资本	影响银行资本和盈利能力
风险承担	为追求高收益进行借贷，长时间的宽松政策可能会激励冒险行为
预期	通过发出有关未来政策方向的信号影响私人部门的长期预期

资料来源：Beyer等（2017）.

中国面临的主要挑战是金融市场的多元化和发达程度仍然不足。虽然与美国等发达经济体相比，中国的金融市场更依赖间接融资，货币政策传导也更依赖信贷渠道，即主要通过银行贷款传导至实体经济，但我国货币政策框架正从数量型向价格型转变，以市场为媒介的价格型传导渠道日益重要。而为了实现通常的价格型传导，最重要的就是建立有效的利率传导机制。

利率需要由短期利率向中长期利率传导，或者说是从货币市场利率向债券市场利率、信贷市场利率传导。而中国目前利率的期限传导渠道仍不够通畅，原因之一是债券市场发展不充分，尤其是以国债为代表的高质量债券市场深度不足。因此，投资者难以在长短期券种之间及时、有效地套利，难以形成被市场认可的、可供参考的收益率曲线。国债收益率难以有效形成还会进一步影响其他金融产品的定价。

中央银行使用利率传导渠道需要先调控短期利率，然后通过金融市场影响中长期利率。因此，除了长短期利率之间的联动之外，利率传导的有效性还依赖央行在金融市场上的交易能力。截至2020年末，国外资产是中国人民银行总资产的主要组成成分，占56%，而持有证券是美联储总资产的主要组成部分，占91%，两国央行的交易能力形成了鲜明的对比。除了中国的国债体量相对较小外，人民币在世界上的地位还有待提升也是中国目前利率的期限传导渠道不够通畅的原因之一。

货币政策不仅在经济内部传导，还会对其他市场产生影响，即产生外溢效应，因而不能将世界主要国家和地区的央行操作完全割裂开来。首先，中美等大国或其他发达经济体的货币政策必然存在外溢效应。其次，作为货币政策传导的重要媒介的金融市场已经高度全球化，股票、黄金等资产价格的变动会产生连锁反应。最后，制造业产业链和商品服务贸易也将各国的实体经济紧密地联系在了一起，尤其是中美澳等贸易大国的货币政策既影响本国产业，也影响其他国家的进出口。

总的来看，虽然各经济体亟须解决的问题不同、金融市场和银行体系的发达程度不同、各部门的反应函数不同，可是货币政策目标、货币政策传导渠道和货币政策工具都有着国际通用的范式。不仅如此，而且三者在货币政策调控体系中的关系也是相同的，环环相扣，且需及时根据前后环节的变化动态调整，即货币政策有自己的反应机制。因此，为尽快健全我国的现代货币政策框架，仍须以科学的货币政策框架为基础，借鉴发达国家的实践，但要根据我国金融市场的发达程度和经济问题灵活调整，不仅要扩充货币政策工具箱，而且要疏通货币政策传导渠道。在这个过程中，完善利率等基础变量的市场化定价机制，发挥金融市场在资源配置方面的优势是重中之重。

第三章
货币政策目标体系建设

货币政策目标体系是货币政策制定所依赖的各层次目标，以及各层次目标之间受中央银行控制的互动关系的集合。货币政策要实现一定的目标，为了实现这些目标，需要对一些中介变量进行调整，而调整这些中介变量需要借助更加可控的操作变量。因此，货币政策目标分为最终目标（ultimate goal）、中间目标（intermediate target）和操作目标（operating target）三个层次。在中文语境下，有时也将中间目标和操作目标统称为中间目标或中介目标。[①] 货币政策的最终目标是中央银行制定和执行货币政策所要实现的最终目的，一般体现为与民生福祉和经济健康发展密切相关的宏观经济指标的稳定和优化，如价格稳定、经济增长、充分就业以及国际收支平衡等；操作目标是中央银行能够通过货币政策工具较为精准地控制的金融变量，如短期市场利率、非借入准备金总量等；中间目标处于操作目标和最终目标之间，既能够显著影响最终目标，又受操作目标的显著影响，如广义货

---

① 对于货币政策目标有两种本质上相同的划分方法：第一种是把货币政策目标划分为最终目标、中间目标和操作目标；第二种是把货币政策目标划分为最终目标、中期中间目标和短期中间目标，即把后两个层次的目标统称为中间目标。为了避免混淆，本书统一使用第一种划分方法。

币供应量、抵押贷款利率等。图3-1归纳了从货币政策操作目标到中间目标进而到最终目标的流程，展示了货币政策各层次目标的全貌。

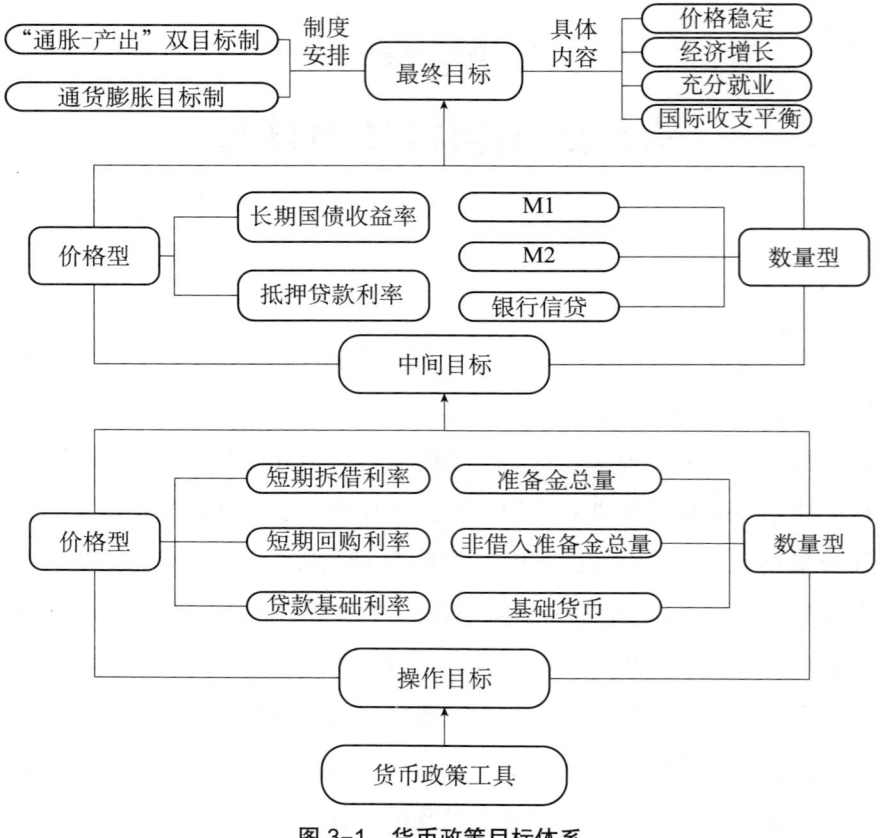

```
                制度                    具体       价格稳定
"通胀-产出"双目标制  安排                 内容       经济增长
通货膨胀目标制          最终目标                    充分就业
                                                  国际收支平衡

                  长期国债收益率       M1
        价格型                        M2           数量型
                  抵押贷款利率        银行信贷

                          中间目标

                  短期拆借利率        准备金总量
        价格型    短期回购利率        非借入准备金总量    数量型
                  贷款基础利率        基础货币

                          操作目标

                         货币政策工具
```

图 3-1 货币政策目标体系

货币政策目标的具体选取需要遵循一定的标准。最终目标的选取面临多重最终目标之间的权衡取舍，权衡取舍的侧重点应当与国家民生福祉以及当前经济发展阶段一致。中间目标和操作目标的选取需要遵循可测性、可控性和相关性标准。可测性要求对中间目标和操作目标选取都很重要，其具体含义是相关目标变量应当能被准确及时地测度。操作目标的选取更加侧重可控性原则，即中央银行应当可以通过运用货币政策工具对操作目标变量实现精准调控；中间目标的选取更加侧重相关性原则，即中间目标变量应当与货币政策中间目标密切相关，对中间目标的调整应当能够有效影响最终目标。

货币政策多层次目标之间存在丰富的互动关系，这些互动关系具体可以划分为两类：

第一类是低层次目标（更加接近货币政策工具）对高层次目标（更加接近最终目标）的反馈，主要体现为操作目标对最终目标的反馈，即货币政策制定者根据最终目标变量的变化，运用货币政策工具来调整操作目标变量的系统策略。这种反馈机制构成了货币政策调控机制的内容，属于货币政策目标体系的一部分。在理想的货币政策调控机制下，中央银行在每个时期制定状态依存的长期最优政策。但是，这种调控策略要求政策当局对经济运行机制和预期形成机制等具有完全信息。因此，理论上的最优货币政策的功能在于揭示合意政策所需遵循的基本逻辑，而不在于其本身的现实可行性。现实中，科学的货币政策反应机制往往寻求效果接近最优政策的简单规则，即操作目标变量对最终目标变量的线性反应方程。最经典的简单规则是设定短期利率对通货膨胀率和产出缺口做出正向反应的泰勒规则。

第二类是高层次目标对低层次目标的反馈，这种反馈机制比货币政策调控机制更为复杂，不仅涉及各层次目标变量，还涉及其他重要经济变量。例如，如果中央银行调降了货币市场拆借利率（操作目标），那么资产管理类金融机构（如基金公司）可以以更低的成本获得资金，从而会将更多的资金投资于股票市场，导致股票价格升高，进而通过托宾Q效应和财富效应提高总产出，促进经济增长最终目标的实现。尽管这一过程在宏观层面上表现为最终目标变量对操作目标变量的反馈，但是其中涉及的股票价格变量则不属于货币政策目标的范畴。也就是说，高层次目标对低层次目标的反馈表现出来的是各层次目标之间的联动,本质上则包含了货币政策调控体系参与主体之间更加复杂的互动机制。这种互动机制正是货币政策传导体系的内容,本书将在第五章单独进行论述。

总之,货币政策最终目标、中间目标和操作目标之间彼此联系,相互依存,共同形成了货币政策目标体系。现代货币政策目标体系具有结构完整、选取合理、调控机制科学的特点。一个设计良好的目标体系应当包含与当前阶段民生福祉和经济发展一致的最终目标、与最终目标密切相关的中间目标、受政策工具有效调控的操作目标,以及有助于实现最终目标的货币政策调控机制。货币政策目标体系作为货币政策制定和执行的基础,构成了现代货币政策调控体系的重要组成部分。

一、最终目标体系

(一)最终目标体系概论

1. 最终目标的内涵

货币政策的最终目标是中央银行制定和执行货币政策所要实现的最终目的,一般体现为与民生福祉和经济健康发展密切相关的宏观经济指标的稳定和优化,如价格稳定、经济增长、充分就业以及国际收支平衡等。2008年金融危机后,金融稳定也成为广受关注的备选最终目标。这些目标之间既互相促进,又不可避免地存在一定冲突。如何根据经济运行状况在多重最终目标之间进行最优的权衡取舍,是货币政策制定者需要回答的重要问题之一。最终目标之间的权衡取舍不是一成不变的,实践中中央银行往往需要根据特定的现实情况确定所需实现的政策目标组合,以此作为制定和执行货币政策的指导方向。例如,在正常时期,央行可以兼顾价格稳定和经济增长目标;在高通胀时期，央行往往希望将价格稳定放在首位，从而能够容忍一定程度的衰退；而在经济受到严重负向冲击（如新冠疫情的冲击）的时期，提振经济、恢复生产就成为货币政策的首要目标，适度的通胀可能反而有利于经济复苏。当然，世界范围内也有不少央行宣布围绕某个单一最终目标制定货币政策（典型代表是通货膨胀目标制）。

2. 世界各国（地区）对最终目标体系的选择

货币政策最终目标一般由各国中央银行法直接规定。不同国家法条中关于货币政策最终目标的具体表述不尽相同，表3-1汇总了部分国家或地区中央银行法对货币政策最终目标的规定。不难发现，各国货币政策目标中都包含关于维持价格稳定的规定：美国、日本、英国和欧洲央行直接表述为维持价格稳定；加拿大央行表述为维持低、稳定且可预测的通胀率[①]；《中国人民银行法》中"保持货币币值的稳定"包括对内稳定和对外稳定两方面，其中对内稳定的含义即为价格稳定（对外稳定的含义是人民币汇率稳定）。除了价格稳定外，中国、美国、日本、澳大利亚和英国的货币政策最终目标中还包含了关于经济增长的规定。美国和澳大利亚将最大化就业（与促进经济增长含义接近）与价格稳定并列；中国和日本将价格稳定视为经济增长的前提；英国则明确规定，价格稳定是货币政策的首要目标，实现经济增长和就业目标是政府的任务，央行仅在保证价格稳定的前提下起支持作用。

表3-1 部分国家或地区的货币政策最终目标

国家或地区	央行	最终目标
中国	中国人民银行	保持货币币值的稳定，并以此促进经济增长
美国	美联储	最大化就业，稳定价格，保持较低的长期利率

---

① 通胀率是价格的变化率，因而低通胀率与价格稳定是等同的。

续表

国家或地区	央行	最终目标
日本	日本银行	实现价格稳定,以此促进国民经济健康发展
澳大利亚	澳大利亚储备银行	保持币值稳定,维持充分就业,促进经济繁荣并改善国民福利
英国	英格兰银行	维持价格稳定,在此前提下支持政府实现经济增长和就业目标
加拿大	加拿大银行	维持低、稳定且可预测的通胀率
欧盟	欧洲央行	维持价格稳定

资料来源:根据各国中央银行法整理。

根据各国中央银行法的表述,不难发现各国货币政策目标体系可以划分为两类:一类同时将价格稳定和经济增长纳入最终目标,另一类则将价格稳定作为唯一最终目标。前者对应"双重使命"(dual mandate)最终目标体系,后者则体现为通货膨胀目标制(inflation targeting)。

美联储是采用"双重使命"最终目标体系的代表性央行。"双重使命"最终目标体系在美国几经争论,最终得到广泛认可。1977年,《汉弗莱-霍金斯法案》首次对货币政策同时提出了关于失业率和通胀率的明确要求:16岁以上居民失业率不得超过4%;通胀率不得超过3%。然而,该法案颁布初期并未得到落实。在时任美联储主席保罗·沃尔克的领导下,美联储在20世纪70年代末至80年代初实施了一系列对抗通胀的政策,使通胀率从1980年的13%降至1983年的3%。但是同一时期失业率却从7%上升到了10%,经济陷入衰退(如图3-2所示)。不过,从20世纪80年代中期开始,美国经济进入"大稳健"时期,通胀率维持在2%~5%的较低水平,且失业率回落至5%左右,关于美联储货币政策"双重使命"的争议也渐渐平息。

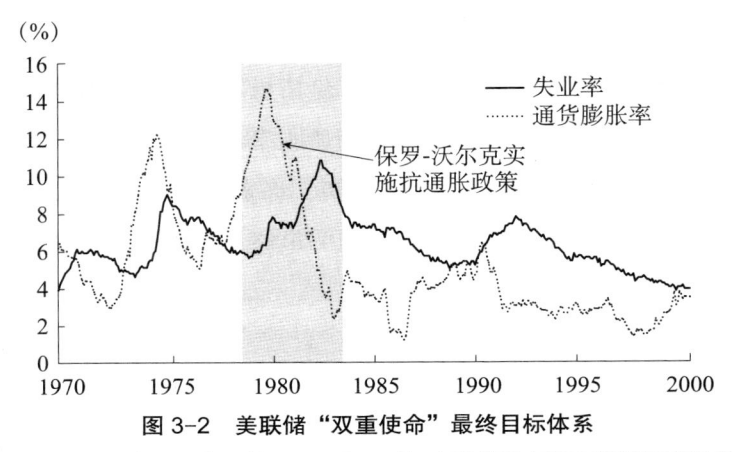

图 3-2 美联储"双重使命"最终目标体系

说明：样本区间为 1970 年 1 月至 2000 年 12 月，原始数据来源于美联储圣路易斯分行。

20 世纪 90 年代中期，包括英国、加拿大在内的不少国家开始采用将价格稳定作为单一最终目标的通货膨胀目标制，"双重使命"最终目标体系重新成为热点话题。FOMC 内部关于美国是否要采用通货膨胀目标制存在争议。通货膨胀目标制的支持方指出，采用通货膨胀目标制的国家总体取得了较为理想的效果，大部分有效实现了价格稳定目标。"双重使命"最终目标体系的支持方则认为，采用通货膨胀目标制将使货币政策缺少控制失业率的足够自由。时任美联储副主席艾伦·布林德是支持"双重使命"最终目标体系的代表之一，他在 1995 年 1 月末的 FOMC 会议上表示："目前'双重使命'最终目标体系运转情况良好，看不出需要调整的迹象……没有证据表明采用这种目标（通货膨胀目标制）会改善（货币政策面临的）权衡取舍"（Steelman，2011）。从图 3-2 来看，20 世纪 90 年代，美国失业率持续下降，通胀率保持低位，良好的基本面使得货币政策目标体系改革缺乏动力。经过数次争论，"双重使命"最终目标体系逐渐被政策制定者接受，成为美联储沿用至今的最终目标体系。

20 世纪 70—80 年代，世界主要经济体遭遇了持续的高通胀。如

图 3-3 所示，美国、英国、日本和德国都在 20 世纪 70—80 年代经历了二战后通货膨胀率最高的时期。价格稳定是货币政策最重要的最终目标，因而货币政策被认为应对高通胀率负主要责任。为了避免重蹈覆辙，20 世纪 90 年代至 21 世纪初，许多国家进行了货币政策最终目标体系改革，将价格稳定作为唯一最终目标，即采用通货膨胀目标制。

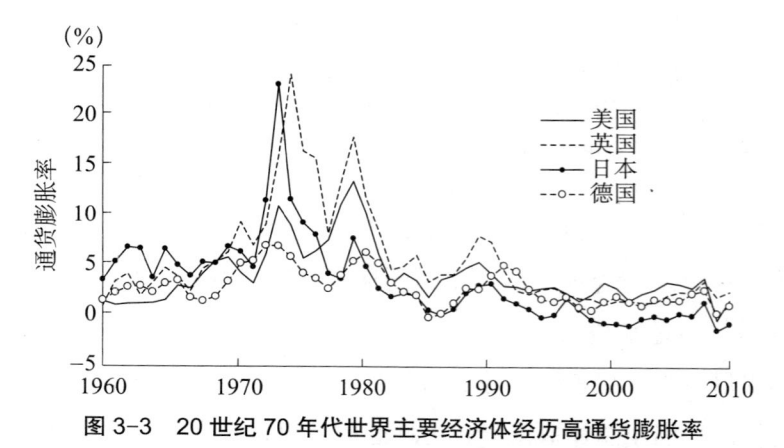

图 3-3　20 世纪 70 年代世界主要经济体经历高通货膨胀率

说明：样本区间为 1960—2010 年，原始数据来源于美联储圣路易斯分行。

采用通货膨胀目标制的中央银行公开宣布将在一段时间内使通货膨胀率保持在某一水平值（或水平区间），并明确承认将通胀率保持在低而稳定的状态是货币政策的首要最终目标，同时与公众沟通货币政策的操作和意图，确保目标按计划达成。通货膨胀目标制的前身是德国和瑞士在 20 世纪 70 年代采用的货币供给目标制（即宣布将货币供应量增长率作为货币政策最终目标）。新西兰是首个正式宣布采用通货膨胀目标制的国家。1987 年，《新西兰储备银行法案》中关于货币政策最终目标的表述从"促进生产、交易、就业并维持国内价格水平"修改为"降低通胀水平"。1990 年，新西兰央行正式宣布采用通货膨胀目标制，以排除短期供给冲击效应的 CPI 通胀率（核心通胀率）作为通胀目标，目标区间为3%～5%，后续调整为1.5%～3.5%和0～2%。尽管在实际操作过程中曾面临目标范围过窄导致的货币政策工具大幅调整，以及对政策过度约束导致的灵活性不足等问题，但总体而言，新西兰对通货膨胀目标制的实践比较成功，显著平抑了价格的上涨和波动趋势。图3-4展示了1980—2000年新西兰CPI同比通胀率序列。实施通货膨胀目标制以前，新西兰的CPI通胀率的均值和标准差分别为11.78%和5.13%；实施通货膨胀目标制后，CPI通胀率的均值和标准差分别降低至1.98%和1.64%。

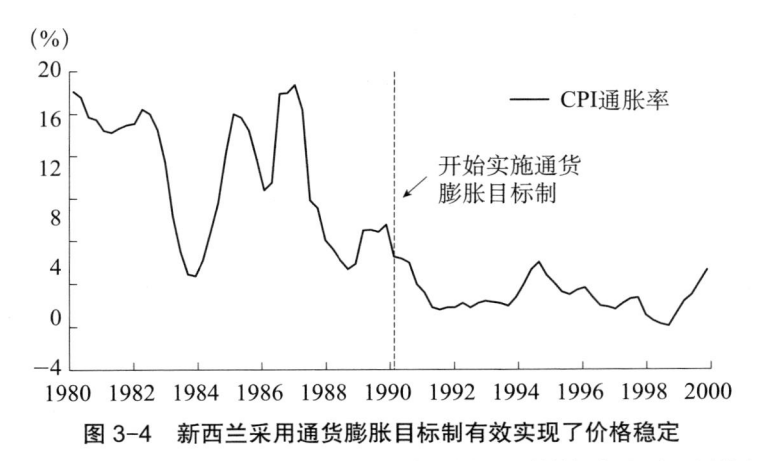

图3-4 新西兰采用通货膨胀目标制有效实现了价格稳定

说明：样本区间为1980年第1季度至2000年第4季度，原始数据来源于新西兰储备银行。

加拿大于1991年开始采用通货膨胀目标制。与新西兰相似，加拿大将核心通胀率作为通胀目标，具体来说是要将其控制在一个以2%为中点的区间。与新西兰不同的是，加拿大的通货膨胀目标制在实践中非常灵活。货币政策实施中还将真实产出的波动和增长纳入了决策集。事实上，通货膨胀目标制在加拿大被视为一种有助于平抑经济周期性波动的手段。加拿大的通货膨胀目标制在增强政策可信度方面卓有成效。通货膨胀目标由加拿大央行和财政部共同宣布，这极大地提升了政策透明度和目标实现的效率。Bernanke等（2001）认为，加拿大实行通货膨胀目标制期间政策的高透明度使得公众能够区分价格的短期波动和趋势性变化，从而减弱了短期价格波动的转移效应。

除了新西兰和加拿大外，英国、瑞典、以色列、澳大利亚和西班牙等国家都先后采用过通货膨胀目标制。Bernanke 等（2001）指出，各国通货膨胀目标制的实践总体而言是较为成功的。通货膨胀目标制增强了政策的透明度和可信度，在一定程度上降低了暂时性冲击对价格的影响，同时稳定了通胀预期。但是，同样需要注意到，在 20 世纪末期，采用通货膨胀目标制的国家的经济表现并没有显著好于采用其他最终目标体系的国家。而且通货膨胀目标制（也许是任何货币政策区制）并没有展现出改变产出和通胀之间的权衡关系的能力。

（二）最终目标体系的设计

1. 通胀目标和产出目标的权衡取舍

从第一节对世界上各央行的货币政策目标体系的梳理中不难发现，维持价格稳定、促进经济增长（或充分就业）是各国央行货币政策最终目标中的共同成分。因此，探究以价格稳定和充分就业作为最终目标的货币政策的设计问题就成为文献研究的焦点。在理想状态下，价格稳定意味着通胀率保持在零值或接近零值，充分就业意味着实际产出维持在潜在产出水平。因此，经典文献常把通胀率和产出缺口作为货币政策目标纳入经济学模型。

Clarida 等（1999）提出的基本的新凯恩斯主义货币政策模型为通货膨胀 - 产出缺口双目标体系提供了理论基础。基本的新凯恩斯主义货币政策分析模型中，中央银行通过制定货币政策来最小化以下终身贴现福利损失 L[①]：

---

① 中央银行的福利损失函数通过家庭效用函数关于有效配置偏离的二阶近似得到，具体推导参见 Galí（2008）。

$$L = \frac{1}{2} E_0 \left[\sum_{t=0}^{\infty} \beta^t (\pi_t^2 + \alpha x_t^2) \right] \qquad (3-1)$$

其中，π_t 表示通货膨胀率，x_t 表示产出缺口，即实际产出偏离潜在产出的百分比，α 是货币政策最终目标中产出缺口目标的相对权重，β 是居民的贴现因子。Galí（2008）证明了，最小化以上加总福利损失等价于最小化每一期的平均福利损失 $\tilde{L}$：

$$\tilde{L} = \frac{1}{2} [\text{Var}(\pi_t) + \alpha \text{Var}(x_t)] \qquad (3-2)$$

从以上福利损失函数中不难看出，在理想状态下，通胀率和产出缺口完全不存在波动，价格水平保持不变，而实际产出水平根据潜在产出 1 : 1 地调整，从而不存在通胀和产出之间的权衡取舍。这种情形被 Blanchard 和 Galí（2007）称为"神圣巧合"（divine coincidence）。

Clarida 等（1999）证明了，在基本的新凯恩斯主义货币政策分析模型中，"神圣巧合"可以通过适当地制定货币政策达成。基本的新凯恩斯主义货币政策分析模型的两大特征是垄断竞争和价格黏性。具体而言，假设经济是垄断竞争的，存在一个连续统的厂商生产可分产品，同时存在一种代表性家庭消费由可分产品构成的加总消费品。经济中价格不能灵活调整，单个厂商每期有一定的概率能够重新定价，否则维持上一期的价格不变。在以上假设下，经济的动态可以用两个方程刻画[①]：

$$x_t = -\varphi[i_t - E_t(\pi_{t+1})] + E_t x_{t+1} + g_t \qquad (3-3)$$
$$\pi_t = \beta E_t(\pi_{t+1}) + \kappa x_t + u_t \qquad (3-4)$$

其中，i_t 表示短期利率。式（3-3）被称为 IS 曲线，它刻画了产出缺口的动态特征，当期产出缺口由当期真实利率、预期产出缺口和外生需求冲击 g_t 决定，需求冲击的来源包括政府支出和潜在产出的意外

---

① 模型的推导参见 Galí（2008）。

变动等。式（3-4）被称为新凯恩斯菲利普斯曲线（New Keynesian Philips Curve，NKPC），它描述的是通货膨胀的动态特征。当期通胀率由预期通胀率、当期产出缺口和外生供给冲击 u_t 决定，u_t 是成本推动型冲击，来源于理想价格加成的变化和工资加成的外生变化等。φ 和 κ 是正的参数。

Blanchard 和 Galí（2007）指出，基本的新凯恩斯主义货币政策分析模型中存在"神圣巧合"，本质在于新凯恩斯菲利普斯曲线的简洁形式，假设不存在成本推动型冲击，那么新凯恩斯菲利普斯曲线就可以写成：

$$\pi_t = \beta E_t(\pi_{t+1}) + \kappa x_t \tag{3-5}$$

当 $\pi_t = 0$ 对任意 t 成立时，$x_t = 0$ 也自然成立，也就是说，平抑通胀的政策能够同时平抑产出缺口，二者不存在内生冲突，亦即"神圣巧合"成立。使得"神圣巧合"成立的货币政策调控规则为：

$$i_t = E_t(\pi_{t+1}) + \frac{1}{\varphi} E_t(x_{t+1}) + \frac{1}{\varphi} g_t \tag{3-6}$$

在新凯恩斯菲利普斯曲线中引入成本推动型冲击 u_t 后，"神圣巧合"就不再成立了。成本推动型冲击造成了通货膨胀和产出缺口之间的权衡取舍。为了说明这一点，考虑相机抉择（discretion）和承诺（commitment）两种货币政策逻辑。① 采用相机抉择政策的央行将政策目标（3-1）理解为各期最优化问题的加总，每期的政策决策仅仅最优化当期目标，而不考虑经济主体对未来的预期或未来的政策。具体而言，相机抉择的央行面临如下最优化问题：

$$\begin{aligned} & \min \pi_t^2 + \alpha x_t^2 \\ & \text{s.t. } \pi_t = \kappa x_t + F_t \end{aligned} \tag{3-7}$$

---

① 关于相机抉择和承诺的更多讨论见本章第三节"基于多层次目标体系的货币政策调控机制"。

其中，$F_t = \beta E_t \pi_{t+1} + u_t$ 是新凯恩斯菲利普斯曲线中的外生和预期部分，对于央行而言是给定的。上述问题的最优化条件是：

$$x_t = -\frac{\kappa}{\alpha} \pi_t \quad (3-8)$$

式（3-8）给出了相机抉择下的货币政策最优目标规则（targeting rule），即经济的最优状态下货币政策目标（通胀率和产出缺口）需要满足的关系。如果假设 u_t 服从独立同分布，那么最优目标规则可以进一步表示为外生冲击的函数：

$$\pi_t = \frac{\alpha}{\kappa^2 + \alpha} u_t, \quad x_t = -\frac{\kappa}{\kappa^2 + \alpha} u_t \quad (3-9)$$

从式（3-9）中容易看出，由于成本推动型冲击 u_t 的存在，货币政策不可能同时完全平抑通胀（$\pi_t = 0$）和平抑产出缺口（$x_t = 0$），从而造成了产出和通胀目标之间的权衡取舍。事实上，目标规则（3-9）给出的正是双目标之间的最优权衡方式。

如果采用承诺的方式制定货币政策，则央行需要完全可信地承诺实施一种"政策规则"，这种规则在未来任何可能的时点和自然状态下都保持不变。此时央行不仅需要考虑当期的政策目标，还需要将未来无穷期的目标纳入最优化问题中，经济主体的预期也不再是给定的，因为预期会受到政策规则本身的影响。因此，央行考虑如下最优化问题：

$$\min \frac{1}{2} E_0 \left[\sum_{t=0}^{\infty} \beta^t (\pi_t^2 + \alpha x_t^2) \right] \quad (3-10)$$
$$\text{s.t. } \pi_t = \beta E_t(\pi_{t+1}) + \kappa x_t + u_t$$

由上述最优化问题解出的承诺下的最优目标规则是：

$$x_0 = -\frac{\kappa}{\alpha} \pi_0, \quad x_t = x_{t-1} - \frac{\kappa}{\alpha} \pi_t \quad (3-11)$$

承诺下的最优目标规则虽然与相机抉择下的规则形式不同，但是结合式（3-10）和式（3-11）不难发现，成本推动型冲击仍然造成了最优规则中产出和通胀目标的权衡取舍，从而使"神圣巧合"不能成立。事实上，"神圣巧合"成立的情形是比较理想化的，除了引入成本推动型冲击外，引入部门异质性、金融市场摩擦等因素都会打破"神圣巧合"。

2. 通货膨胀目标制

通货膨胀目标制是一种货币政策框架，采用通货膨胀目标制的中央银行公开宣布将在一段时间内使通货膨胀率保持在某一水平值（或水平区间），并明确承认将通胀率保持在低而稳定的状态是货币政策的首要最终目标。通货膨胀目标制的关键在于将货币政策的目标和计划公之于众，并且确保目标按计划达成。

长期以来，货币政策的执行被划分为规则和相机抉择两种方式。采取规则方式的央行严格按照预先承诺的特定规则来执行货币政策。遵循规则的货币政策的可信度高，但削弱了中央银行在面对预期外的基本面超常恶化时的调整能力。采用相机抉择的央行不进行关于货币政策目标或未来计划的任何承诺，而是以每个时期经济运行的综合情况作为制定货币政策的依据。相机抉择的货币政策能够充分利用经济运行的信息，但是增加了政策的不确定性。通货膨胀目标制是一种介于规则和相机抉择之间的货币政策框架，既通过承诺机制将货币政策的目标限制在一定范围之内，又没有完全丧失政策灵活性，在一定程度上同时吸收了规则和相机抉择的优势。Bernanke 等（2001）归纳了通货膨胀目标制的三条基本原理：

第一，通货膨胀目标制将价格稳定作为货币政策的首要最终目标，并非否定产出增长、充分就业等目标的重要性，而是因为实现这些目标超出了货币政策的能力边界。货币政策在熨平短期波动方面卓有成效，却无力在长期影响真实变量。Friedman（1968）指出，在短期内提高通胀率确实能够降低失业率、提高总产出。例如，扩张性货币政策导致短期内价格意外上升，而工资受合同限制无法调整，此时企业边际利润提高，生产意愿加强，雇用更多工人并提高产量，货币政策产生真实效应。从长期来说，由于价格上升提高了生活成本，工人要求提高工资，企业边际利润下降，就业率和总产出相应下降至原先的水平。货币政策在长期中并未影响失业率和总产出等真实变量，仅仅提高了价格水平。事实上，从长期来说，通货膨胀率是唯一能被货币政策影响的经济变量，这一点已经成为宏观经济学界的共识。通货膨胀目标制的支持者据此认为，将控制通货膨胀率作为首要最终目标符合货币政策的能力范围。

第二，从长期来说，虽然货币政策不能直接影响真实变量，但是维持较低的通胀率能够提升经济运行效率，进而促进经济增长。高通胀，尤其是恶性通胀无疑是对经济有害的。在高通胀的背景下，商品和劳动力市场难以正常运行，因为价格不再是度量价值的有效指标，经济主体不得不持有更多金融资产，以防持有的现金受通胀影响而贬值，因而高通胀往往伴随着金融系统的过度扩张。Fischer（1993）等的经验分析表明，包括低通胀在内的宏观经济稳定是经济增长的先决条件。

恶性通胀对经济的破坏性显而易见。然而，不少经济学家认为，相对温和的高通胀率（如10%）同样会产生负面影响。大部分不具有经济学专业知识的普通民众对通胀的概念不甚明确，从而在做长期投资决策（如养老和教育储蓄）时难以根据预期通胀进行调整。在长周期中，即使通胀率相对较低，它在复利的作用下也会对投资组合的价值产生巨大的影响。与普通民众不同，财富总量较大的个人和企业往往自身具有较丰富的经济学知识，或者有能力负担专业资产管理服务，从而能够通过复杂的金融工具规避或减轻通胀对财富的影响。因此，即使是相对温和的通胀也会带来导致财富两极分化的再分配效应。通货膨胀目标制将通胀率维持在零值或低水平（如2%），能够规避高通胀带来的一系列负面效应。

第三，通货膨胀目标制的承诺机制为政策制定者建立了约束机制，能够防止货币政策因受政治力量或政策制定者个人意愿的影响而实施短视的刺激计划。当货币政策被用于促成短期经济稳定目标时，政策制定者不得不考察短期政策在长期中对通胀目标的影响，促使其选择与承诺目标一致的政策。短期政策的长期效应在缺乏承诺机制的货币政策框架下往往被忽略。带有承诺的通货膨胀目标能够成为公众和金融市场的预期的参照物，也为短期政策的评价提供了基准，用货币经济学的术语来说就是：通货膨胀目标是货币政策的名义锚。

通货膨胀目标制的优势在于兼顾政策的透明度和灵活性，如何在二者之间进行权衡取舍就成为具体政策设计中的关键问题。如果政策只关注透明度，则退化为政策规则；反之，如果只考虑灵活性，则等同于相机抉择。Bernanke等（2001）将通货膨胀目标制的具体设计问题归纳为操作和与公众的沟通两个方面。操作方面包括通胀目标的设计和货币政策的执行等，与公众的沟通方面包括沟通的货币政策内容和场合等。部分关键性问题包括：

（1）应当钉住何种通胀率？

采用通货膨胀目标制面临的首要问题是选择何种口径的通胀率作为目标。为了尽量提升政策的透明度，作为目标的通胀指标应当为公众所熟悉，口径较宽，且能够及时准确地计算。为了保证政策的灵活性，通胀目标应当排除对长期趋势不造成影响的价格变化，如增值税或消费税的一次性上升。采用通货膨胀目标制的央行常采用核心通胀率（core inflation）作为通胀目标。核心通胀率通过从消费者价格指数（CPI）通胀率中剔除特定的波动性较大的成分（如食品和能源价格）得到。Bernanke等（2001）强调，无论选择何种通胀指标作为目标，央行都必须向公众解释通胀目标与公众最为熟悉的CPI通胀率的联系。目标一旦选定就应当长期保持。所选择的通胀指标应当定义清晰且能够基于公开的、无法被央行操纵的数据（如第三方机构的统计数据）计算。

（2）应当将通胀目标设定在什么水平？

直观来看，将通胀目标设定为零能完全实现价格稳定的目标。然而，将通胀目标设定为零或过低的水平在实践中往往并非首选。这是因为：一方面，低通胀水平对应较低的名义利率水平，会导致中央银行在面对衰退时没有足够的政策空间，因为一旦名义利率达到零下限，就无法继续采取降低名义利率的方式提振经济。另一方面，由于实际通胀率总是围绕目标小幅波动，将通胀目标设定为零会使得实际通胀率经常进入通缩区间。通货紧缩——特别是预期外的通货紧缩——会提高企业真实融资成本，且可能造成严重的流动性和违约问题，干扰金融系统正常运转。此外，由于CPI通胀率存在被高估的倾向（Moulton，1996），将通胀目标设定为零可能造成长期中实质上的通货紧缩。Bernanke等（2001）建议将通胀目标设定在较为温和的水平，如同比1%~3%，与采用通货膨胀目标制的央行的现实选择一致。

（3）与公众的沟通应当包括什么内容？

通货膨胀目标制的透明度主要通过与公众的沟通来保证。除了通胀目标本身外，与公众的沟通还应该包含货币政策的操作内容和意图、对当前经济形势的观点、对通胀指标的分析和预测，以及对是否达成通胀目标的报告和分析。更进一步地，中央银行还应当使公众尽量理解通货膨胀目标制的基本原理（例如货币政策的能力边界），引导公众理解并参与货币政策决策。与公众的沟通可以通过演讲、召开新闻发布会、发布统计数据和定期编制报告等具体方式实现。

3. 部门异质性下的最终目标体系设计

以 Clarida 等（1999）为基础的经典新凯恩斯主义模型仅包含一个生产部门，该部门只生产消费品，因而其价格和产出就决定了整个经济的动态。因此，前文所讨论的基于该框架的货币政策设计问题仅面临通货膨胀和产出缺口之间的权衡取舍。然而，现实货币政策设计还面临许多部门间的权衡取舍，例如，消费者价格指数（CPI）通胀率和生产者价格指数（PPI）走势分化时，应当更关注消费者价格还是生产者价格？食品价格大幅波动，但其他商品价格保持稳定时，是否应当借助货币政策平抑食品价格？要回答这些问题，就需要在原有分析框架中引入部门异质性，将原来的模型扩展为多部门模型。本节回顾了文献引入部门异质性的三种视角，即部门价格黏性的异质性、产品耐用性的异质性和产业链环节的异质性，并阐述了相应多部门经济中的货币政策面临的权衡取舍以及最优目标体系的设计思路。

（1）部门价格黏性的异质性——黏性价格部门和弹性价格部门。

价格黏性反映了产品价格调整的灵活程度，常用价格调整频率刻画，即在给定的时间段（如一个月）内，全部厂商中有多少调整了其价格。在现实经济中，不同产品的价格调整频率存在高度异质性。Nakamura 和 Steinsson（2008）基于美国数据测算了 11 个大类产品的价格黏性。结果表明：车用燃料的价格最灵活，价格调整频率为 87.4%，即生产该产品的全部厂商中，每月平均 87.4% 的厂商调整了其价格；服装的价格黏性最高，价格调整频率仅为 3.6%。侯成琪和龚六堂（2014）基于中国数据的测算同样发现了明显的价格黏性的异质性：CPI 统计口径下的八类商品中，食品的价格调整频率最高，为 73.02%；家庭设备的价格调整频率最低，为 31.29%。相关数据见表 3-2。

表3-2 美国和中国不同类别商品的价格调整频率

美国		中国	
产品种类	价格调整频率（%）	产品种类	价格调整频率（%）
加工食品	10.6	食品	73.02
未加工食品	25.4	烟酒	38.64
家居	6.5	家庭设备	31.29
服装	3.6	衣着	48.48
交通用品	21.3	交通通信	47.58
娱乐用品	6.1	娱教文化	40.07
其他用品	13.9	居住	72.45
公用事业	49.4	医疗保健	61.49
车用燃料	87.4		
旅游	43.7		
服务（除旅游）	8.8		

资料来源：Nakamura 和 Steinsson（2008）；侯成琪和龚六堂（2014）.

在经典的货币政策分析框架中，价格黏性是货币政策产生短期真实效应的本质原因。如果价格是完全弹性的，即价格可以根据当前经济所处的状态完全灵活调整，则货币政策调整仅能引起名义变量（如通胀率）的变化，而无法影响真实变量（如真实产出）。Nakamura 和 Steinsson（2010）指出，考虑部门价格黏性的异质性的多部门模型中货币政策的真实效应是单部门模型的三倍。这意味着从货币政策分析的角度来看，存在部门价格黏性的异质性的多部门经济无法用将各部门价格黏性加权平均的单部门经济来近似，因此，有必要建立多部门模型来解决价格黏性不同的各部门在货币政策目标中的权衡取舍问题。

最早研究存在部门价格黏性的异质性时的货币政策设计问题的文献是 Aoki（2001）。Aoki 建立了一个两部门模型，其中一个部门可以完全灵活地调整价格（部门 f），另一个部门则存在价格黏性（部门 s）。对于部门 f，每一期所有厂商均可以重新设定价格，第 t 期部门 f 的价格设定问题是：

$$\max_{P_{f,t}(z)} Y_{f,t}(z)\left[P_{f,t}(z) - MC_{f,t} \right] \qquad (3\text{-}12)$$

其中，$P_{f,t}(z)$ 是厂商 z 设定的价格，可以证明，在厂商之间存在垄断竞争的假设下，均衡中各厂商设定的价格相同，即 $P_{f,t}(z) = P_{f,t}$。$Y_{f,t}(z)$ 是厂商 z 的真实产出，$MC_{f,t}$ 是部门 f 的真实边际成本。上述价格设定问题本质上是单期利润最大化问题，解出的最优价格设定为：

$$P_{f,t} = \mathcal{M}_f MC_{f,t} \qquad (3\text{-}13)$$

其中，$\mathcal{M}_f$ 是部门 f 的价格加成比例，与垄断竞争的程度有关。由于弹性价格部门厂商每期都可以调整价格，因此设定价格时只需要关注当期的真实边际成本即可。

对于部门 s，每一期中只有 $1 - \alpha_j$ 比例的厂商可以重新设定价格，其余厂商则维持前一期的价格设定不变，从而部门 s 的总价格动态就是：

$$P_{s,t} = \left[\alpha_s (P_{s,t-1})^{1-\theta_s} + (1-\alpha_s)(X_{s,t})^{1-\theta_s} \right]^{\frac{1}{1-\theta_s}} \qquad (3\text{-}14)$$

其中，$1 - \alpha_s$ 是部门 s 的价格调整频率，$P_{s,t}$ 是第 t 期部门 s 的加总价格指数，$X_{s,t}$ 是第 t 期重新设定价格的厂商所选择的价格，θ_s 反映了单个厂商的市场势力。在第 t 期，部门 s 中重新设定价格的厂商选择 $P_{s,t}(z)$ $\left[P_{s,t}(z) = X_{s,t} \right]$ 来求解如下问题：

$$\max_{P_{s,t}(z)} E_t \left\{ \sum_{k=0}^{\infty} (\alpha_s)^k Q_{t,t+k} Y_{s,t|t+k}(z) \left[P_{s,t}(z) - MC_{s,t|t+k} \right] \right\} \qquad (3\text{-}15)$$

其中，$1 - \alpha_s$ 是部门 s 的价格调整频率，$Q_{t,t+k}$ 是第 t 期与第 $t+k$ 期之间

的随机贴现因子，$Y_{s,t|t+k}(z)$ 是最近在第 t 期调整价格的厂商在第 $t+k$ 期的真实产出，$MC_{s,t|t+k}$ 是上述厂商的真实边际成本。与弹性价格部门不同，黏性价格部门的厂商调整价格时求解的是终身利润最大化问题，不仅需要考虑当期的边际成本，还需要考虑未来各期的产出和边际成本。由于价格不能完全灵活调整，第 t 期设定的价格有 $(\alpha_s)^k$ 的概率维持到第 $t+k$ 期，因而厂商在设定 $P_{s,t}(z)$ 时就必须考虑到该价格对未来各期的影响。不难看出，当部门价格黏性 α_s 等于 0 时，上述问题就转化为了弹性价格部门的价格设定问题。结合黏性价格部门的价格设定问题的一阶条件和总价格动态可以得到部门 s 的新凯恩斯菲利普斯曲线：

$$\pi_{s,t} = \beta E_t(\pi_{s,t+1}) + \kappa_s(x_t - d_{s,t}) \quad (3-16)$$

其中，$\pi_{s,t}$ 是部门 s 的通胀率，x_t 是产出缺口，$d_{s,t}$ 是相对价格缺口，定义为部门 s 的相对价格与其自然水平的差值，相对价格指部门 s 的价格指数与经济总价格指数之比。Aoki（2001）证明了，在存在一个弹性价格部门和一个黏性价格部门的经济中，社会福利损失函数可以写成如下形式：

$$L = \frac{1}{2}\left[c_\pi \text{Var}(\pi_{s,t}) + c_x \text{Var}(x_t)\right] \quad (3-17)$$

其中，c_π 和 c_x 分别是黏性价格部门通胀率波动和产出缺口波动在福利损失函数中的权重，上式说明福利损失仅来源于产出缺口和黏性价格部门的通胀率，弹性价格部门的通胀率不造成福利损失。Aoki 进一步证明了，完全平抑黏性价格部门通胀率的货币政策同时也能完全平抑产出缺口，即 $\pi_{s,t} = 0$ 等价于 $x_t = 0$。据此，在存在一个弹性价格部门和一个黏性价格部门的经济中，应当将平抑黏性价格部门通胀率（或等价地，平抑产出缺口）作为货币政策的最终目标。

Benigno（2004）将 Aoki（2001）的模型拓展到了两个部门均存在价格黏性的情形，并证明了在其他条件相同时，货币政策对两个部门通胀率的相对关注程度取决于二者价格黏性的相对大小：如果两个部门具有相同的价格黏性，则两个部门通胀率在货币政策目标中的最优权重就等于二者在经济中的规模，现实中对应于各类商品在 CPI 编制中的权重；如果两个部门的价格黏性不同，则价格黏性更高的部门的通胀率在货币政策中的权重应该高于该部门在 CPI 编制中的权重；如果某一部门的价格黏性上升，那么该部门通胀率在货币政策目标中的权重也随之上升。Eusepi 等（2011）进一步将模型拓展到了存在 N 个黏性价格部门的情形，得到的社会福利损失函数为：

$$L = \frac{1}{2}\left[c_x \mathrm{Var}(x_t) + \sum_n c_{n,\pi} \mathrm{Var}(\pi_{n,t}) + \sum_n c_{n,d} \mathrm{Var}(d_{n,t}) \right] \quad (3\text{-}18)$$

Eusepi 等（2011）证明了，当部门间除价格黏性之外的其他参数相等时，$c_{n,d}$ 也相等，而价格黏性更大的部门具有更大的 $c_{n,\pi}$。也就是说，当其他条件相同时，价格黏性越大的部门造成的福利损失（来源于该部门通胀率波动）也越大。因此，最小化福利损失的通胀目标应该赋予价格黏性更大的部门更大的权重。Eusepi 等（2011）通过基于美国数据的校准进一步发现，即使考虑部门间其他参数的异质性，上述结论也依然保持稳健。侯成琪和龚六堂（2013）基于中国数据的校准和估计结果如表 3-3 所示，其中价格黏性最大的医疗保健类商品在 CPI 编制中的权重仅为 7.0%，但在最优通胀目标中的权重为 24.8%，为前者的 3.5 倍左右；价格黏性最小的食品类商品在 CPI 编制中的权重最大，达到 33.9%，但是在最优通胀目标中的权重仅为 8.8%。

表3-3　CPI分类商品价格黏性与在CPI编制及在最优通胀目标中的权重

	价格黏性	在 CPI 编制中的权重（%）	在最优通胀目标中的权重（%）
食品	0.27	33.9	8.8
烟酒	0.61	4.7	9.8

续表

	价格黏性	在 CPI 编制中的权重（%）	在最优通胀目标中的权重（%）
家庭设备	0.52	8.8	9.8
医疗保健	0.69	7.0	24.8
衣着	0.39	7.6	4.0
交通通信	0.52	9.9	11.7
娱教文化	0.60	14.4	27.3
居住	0.28	13.8	3.7

资料来源：侯成琪和龚六堂（2013）.

（2）产品耐用性的异质性——耐用品部门和非耐用品部门。

现实中的消费品和服务可以根据其耐用性分为两类：一类商品的使用寿命较短，常在生产后的数日或数周内被消费完毕，这类商品被称为快速消费品或非耐用品，包括食品、个人卫生用品等。各类服务的生产和消费必然同时发生，从而也属于非耐用品。另一类商品与非耐用品相对，称为耐用品。耐用品一经购买便可以长期使用，使用寿命长达数年，典型代表包括汽车、家用电器、家具等。

单部门货币政策分析框架中假设所有商品都是易腐的（perishable），本期生产的商品仅供当期消费，无法存储到未来，从而所有商品都是非耐用品。然而 Erceg 和 Levin（2006）指出，耐用品和非耐用品存储技术的差异导致二者对货币政策的反应存在差异，耐用品部门的产出对货币政策冲击的反应约为非耐用品部门的 3 倍，但两个部门的产出对货币政策冲击的反应均在 3~4 个季度后就开始发生衰减；两个部门的价格对货币政策冲击的反应程度的反差不像产出那样强烈，且衰减速度明显慢于产出对货币政策冲击的反应。上述结果意味着耐用品部门和非耐用品部门对货币政策冲击的短期反应存在异质性。Erceg 和 Levin（2006）进一步指出，这种异质性对货币政策设计具有重要意义。

Erceg 和 Levin（2006）建立了一个区分耐用品部门（部门 m）和非耐用品部门（部门 s）的两部门模型。两个部门的关键区别在于商品的存储技术和进入家庭效用函数的方式。家庭 h 在第 t 期的非耐用品持有量 $D_{s,t}(h)$ 等于当期消费量 $C_{s,t}(h)$，即：

$$D_{s,t}(h) = C_{s,t}(h) \tag{3-19}$$

家庭持有的耐用品存在跨期积累，耐用品的持有量由上一期的持有量和本期的消费量共同决定：

$$D_{m,t}(h) = (1-\delta)D_{m,t-1}(h) + C_{s,t}(h) \tag{3-20}$$

其中，δ 表示耐用品的折旧率。为了在模型中引入货币，假设非耐用品必须用货币购买，耐用品可以用信用购买。

家庭从耐用品持有量与持有量的二次调整成本之差 $\tilde{D}_{m,t}(h)$、非耐用品消费量 $C_{s,t}(h)$、真实货币持有量 $M_t(h)/P_{s,t}$ 中获得效用，从部门劳动供给 $N_{m,t}(h)$ 和 $N_{s,t}(h)$ 中获得负效用：

$$\begin{aligned} W_t(h) = U\left[\tilde{D}_{m,t}(h)\right] + S\left[C_{s,t}(h)\right] + M\left(\frac{M_t(h)}{P_{s,t}}\right) \\ -V\left[N_{m,t}(h)\right] - Z\left[N_{s,t}(h)\right] \end{aligned} \tag{3-21}$$

模型还假设劳动力在部门间不可移动、产品和劳动力市场均为垄断竞争、价格和工资均存在名义刚性等。

Erceg 和 Levin（2006）指出，经济福利损失的关键来源是两个部门产出缺口的波动，而即使是带有承诺的最优货币政策也无法同时平抑两个部门的产出缺口。Erceg 和 Levin（2006）考虑了一系列货币政策规则在福利损失方面的表现，如表 3-4 所示。钉住产出缺口和钉住工资－价格加权通胀率（根据二者在福利损失函数中的权重）虽然使得耐用品部门产生了更大的福利损失，但是从总体福利损失的角度看，上述两个目标规则可以作为对最优货币政策的具有可操作性的近似。钉住价格通胀率的规则的福利损失非常大，是最优货币政策的约4.77倍。因此，在区分耐用品和非耐用品的经济中，货币政策应当以平抑产出缺口或同时平抑工资和价格通胀为最终目标，单一采用价格通胀率作为最终目标不可取。

表3-4 不同货币政策规则下的福利损失

	福利损失			相对于最优货币政策的损失（%）
	耐用品部门	非耐用品部门	总和	
最优货币政策	2.38	1.95	4.33	0
钉住产出缺口	3.31	1.54	4.85	12.0
钉住工资-价格加权通胀率	4.15	1.12	5.27	21.7
钉住价格通胀率	12.10	8.50	20.60	377.0

资料来源：Erceg 和 Levin（2006）。

（3）产业链环节的异质性——最终产品生产部门和中间产品生产部门。

在现实经济中，不同产品可能位于产业链的不同环节：最终产品位于产业链末端，直接进入消费环节，生产过程中需要投入中间产品作为生产要素；中间产品位于产业链中端，继续进入下一个生产环节，生产过程中可能需要投入原材料，也可能仅需要投入劳动力。例如，一台汽车的生产需要投入金属外壳、轮胎等作为零部件，而零部件的生产又需要投入钢铁、橡胶等作为原材料，原材料又需要人力进行开采。最终产品的价格体现为消费者价格指数（CPI），而中间产品的价格体现为生产者价格指数（PPI）。

作为反映不同生产环节价格的指数，CPI 和 PPI 的运动方向可能相同，也可能发生分化。图 3-5 展示了 2001—2019 年中国 CPI 通胀率和PPI通胀率。2001—2014年，CPI通胀率和PPI通胀率在具体数值上虽有差异，但走势上大体一致；2014—2019年，二者发生趋势性分化：PPI通胀率发生大幅波动，而CPI通胀率则基本保持稳定。面对两种走势不一的通胀率，货币政策应该如何在产业链不同环节的价格之间进行权衡取舍就成为值得关注的问题。

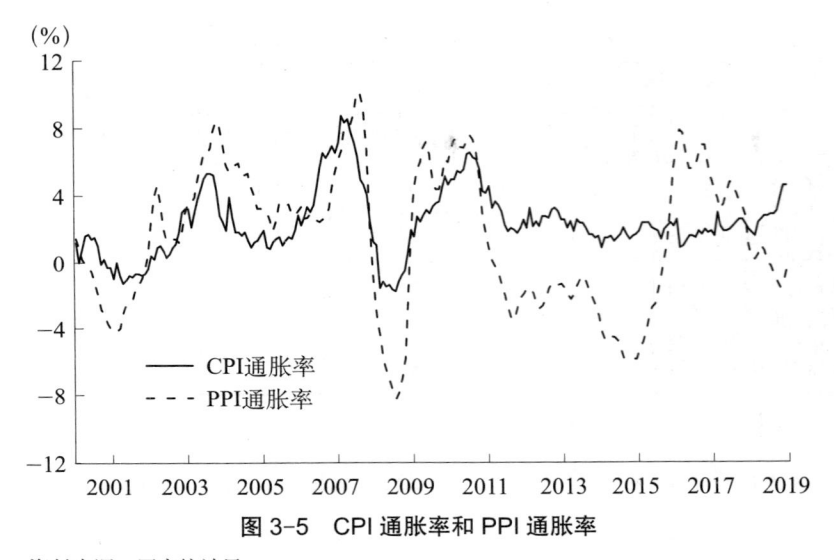

图 3-5 CPI通胀率和PPI通胀率

资料来源：国家统计局．

在货币政策分析的基准框架中，消费品的生产只存在一个环节，即投入劳动力，产出最终产品，不存在中间产品的生产环节。Huang 和 Liu（2005）将中间产品纳入基准模型，建立了包含最终产品生产部门和中间产品生产部门的两部门模型。最终产品生产部门（部门 f）的产品（厂商）j 的生产技术为：

$$Y_{f,t}(j) = \bar{Y}_{m,t}(j)^\phi \left[A_{f,t} N_{f,t}(j) \right]^{1-\phi} \tag{3-22}$$

生产最终产品需要投入中间产品和劳动。上式中，$\bar{Y}_{m,t}(j)$ 是生产最终产品 j 所投入的复合中间产品，$N_{f,t}(j)$ 是劳动投入，$A_{f,t}$ 是最终产品的生产率冲击，$Y_{f,t}(j)$ 是最终产品 j 的产量，ϕ 是资本收入份额。复合中间产品由单个中间产品组成，中间产品生产部门（部门 m）的产品（厂商）i 的生产技术为：

$$Y_{m,t}(i) = A_{m,t} N_{m,t}(i) \tag{3-23}$$

生产中间产品仅需投入劳动 $N_{m,t}(i)$，$A_{m,t}$ 是中间产品的生产率冲击，$Y_{m,t}(i)$ 是最终产品 i 的产量。最终产品和中间产品生产部门均存在价格黏性，采用 Calvo（1983）的方式定价。两个部门均存在垄断竞争，部门价格指数分别为：

$$\bar{P}_{f,t} = \left[\int_0^1 P_{f,t}(j)^{1-\theta_f} dj\right]^{1/(1-\theta_f)}, \ \bar{P}_{m,t} = \left[\int_0^1 P_{m,t}(i)^{1-\theta_m} di\right]^{1/(1-\theta_m)} \tag{3-24}$$

模型还假设劳动力在部门间自由流动，不存在工资黏性等。在以上设定下，最终产品部门和中间产品部门的新凯恩斯菲利普斯曲线分别为：

$$\pi_{f,t} = \beta E_t(\pi_{f,t+1}) + \kappa_f v_{f,t}, \ \pi_{m,t} = \beta E_t(\pi_{m,t+1}) + \kappa_m v_{m,t} \tag{3-25}$$

其中，$\pi_{f,t}$ 和 $\pi_{m,t}$ 分别为最终产品部门和中间产品部门的通胀率；$v_{f,t}$ 和 $v_{m,t}$ 分别表示两个部门的真实边际成本，由产出缺口 c_t 和部门相对价格缺口 q_t 决定，具体来说：

$$v_{f,t} = \phi q_t + (1-\phi)\sigma c_t, \ v_{m,t} = \sigma c_t - q_t \tag{3-26}$$

其中，σ 是与偏好有关的参数。社会福利损失函数为：

$$L = \sum_{t=0}^{\infty} \beta^t (\varphi_c c_t^2 + \varphi_{vm} v_{m,t}^2 + \varphi_f \pi_{f,t}^2 + \varphi_m \pi_{m,t}^2) \tag{3-27}$$

经济中存在四种福利损失来源：产出缺口的波动、两个部门通胀率的波动和中间产品部门的边际成本波动。这意味着 CPI 和 PPI 通胀率应当同时被纳入货币政策最终目标。Huang 和 Liu（2005）证明了，在一般情形下，货币政策无法同时平抑这四种来源的福利损失，即无法达到帕累托最优分配。

二、操作目标和中间目标体系

（一）操作目标和中间目标体系概论

1. 操作目标和中间目标的联系与区别

货币政策操作目标与中间目标具有诸多相似之处，譬如，操作目标和中间目标均为联系货币政策工具和最终目标的中间变量；目标变量均为金融变量，均可做数量型和价格型的区分；选取操作目标变量和中间目标变量时需遵循相似的标准；等等。这些相似之处无不表明操作目标和中间目标性质相似，联系紧密，以至于在讨论目标体系的建设问题时无法将二者完全分离开来。这也是本书将二者合并在同一节进行论述的原因。与此同时，二者在联系紧密的同时也存在微妙的差异，这些差异恰恰清晰地指明了操作目标和中间目标体系设计的独特之处。具体来说，操作目标和中间目标的联系和区别可以从目标变量的性质、在货币政策传导渠道中的位置以及所包含的信息三个方面展开。

（1）目标变量的性质。

操作目标变量和中间目标变量一般是金融变量，且均可以做数量型和价格型的区分。货币政策操作目标变量一般包括短期无风险利率和准备金总量等，中间目标一般包括长期国债利率、广义货币供应量和信贷总量等。不难发现，长短期市场利率均为金融市场交易形成的均衡价格，属于价格型变量；而准备金总量和货币供应量则是金融机构资产负债表上某些项目的加总，属于数量型变量。而以上两种变量均与金融市场和金融机构密不可分，因而同属金融变量。

操作目标变量和中间目标变量在性质上的区别在于口径。价格型操作目标变量集中于短端利率，而价格型中间目标变量则为长端利率；数量型操作目标变量是口径较窄的准备金总量或非借入准备金总量，而数量型中间目标变量则是口径较宽的广义货币供应量。这种口径的差异使得从操作目标到中间目标的传导尤为重要。对于价格型目标，这种传导体现为长短端利率的联动，其通畅与否依赖货币市场和债券市场的建设情况；对于数量型目标，这种传导体现为准备金与信贷资金的联动，与信贷市场的运行情况密不可分。

（2）在货币政策传导渠道中的位置。

货币政策操作目标和中间目标均位于连接货币政策工具和最终目标的中间环节，因而二者有时也被笼统地称作中介变量。细致看来，操作目标和中间目标在货币政策传导渠道中的具体位置又存在微妙差异。操作目标变量更加接近货币政策工具，由全体金融机构在货币政策工具的影响下决定，涉及的参与主体包括中央银行和金融机构；中间目标更加接近最终目标，由金融市场上的均衡决定，涉及的参与主体包括金融机构以及居民和非金融企业。

中间目标和操作目标作为货币政策传导中介必须遵守可测性、可控性和相关性三条原则。可测性原则的具体含义是相关目标变量被准确、及时地测度，它对中间目标和操作目标都很重要；中间目标的位置更加接近居民和非金融企业，因而其选取更加侧重相关性原则，即中间目标变量应当与货币政策中间目标密切相关，中间目标的调整应当能够有效影响最终目标；操作目标更加接近中央银行，因而更加侧重可控性原则，即中央银行应当可以通过运用货币政策工具对操作目标变量实施精准调控。

（3）所包含的信息。

央行运用货币政策工具调控操作目标，传导至中间目标，进而实现最终目标。因此，操作目标和中间目标常被作为量化货币政策立场的依据。在成熟市场国家，作为操作目标的短期利率常被作为反映货币政策立场的最重要依据。如果人们观测到短期（目标）利率上升，便可以直接将其作为货币政策边际收紧的信号，而不必深究这种上升是通过何种货币政策工具的调整实现的。在我国，除了短期利率以外，作为中间目标的广义货币供应量也承担着类似的功能。人们常常通过观测广义货币供应量增长率的变化情况来推测中国人民银行的货币政策立场。

从概念上来看，操作目标包含更多关于中央银行政策立场的信息，而中间目标包含更多关于货币政策实际效果的信息。如果操作目标和中间目标之间传导通畅，则二者包含的信息并无太大差异。但是，如果这一传导渠道存在梗阻，则操作目标和中间目标包含的信息可能差异非常大。例如，20世纪80年代美国经历了非常活跃的金融创新，货币市场基金、可转让支付命令等新型金融产品的出现对传统银行业的地位提出了挑战。这一时期内美联储以非借入准备金总量为操作目标，以M1为中间目标。然而，M1的统计口径主要以银行存款为主，未包含新兴的货币市场基金等金融产品，这就使得M1无法准确反映社会中流通的货币总量。也就是说，从操作目标到最终目标的传导，不仅经过了作为中间目标的M1，还经过了许多M1统计口径之外的新兴金融变量。这就造成M1既无法充分反映货币政策立场的变化，又无法充分反映货币政策的实施效果。在这种情况下，尽管操作目标仍然包含关于货币政策立场的信息，但中间目标的信息含量就相对较低了。这也促使美联储于1993年宣布放弃数量型目标，转而采用价格型目标。

2. 操作目标和中间目标选择的历史演进

从历史经验来看，操作目标和中间目标的选择问题主要聚焦于应当选取数量型目标还是价格型目标，这种争议在理论和实践领域一直是热点话题。作为美国的中央银行，美联储在百余年的历史中也多次变更操作目标和中间目标。伍戈和李斌（2016）对美联储的操作目标和中间目标的历史演变脉络进行了细致的梳理，如图3-6所示。

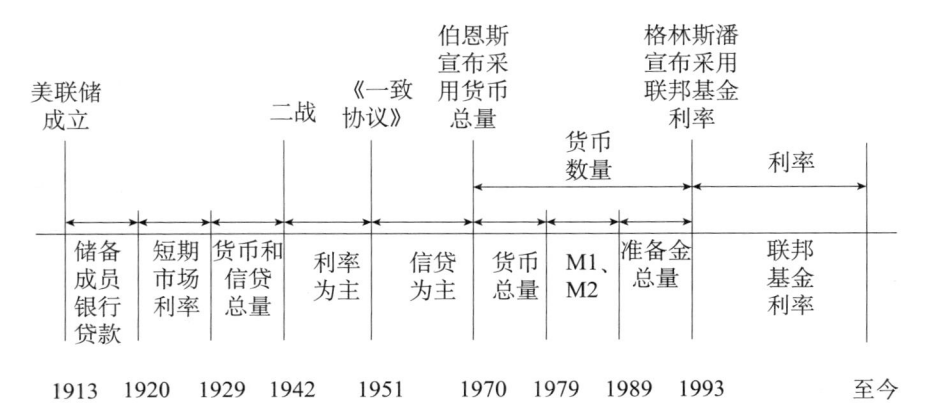

图3-6 美联储货币政策操作目标和中间目标的历史演变

资料来源：根据伍戈和李斌（2016）整理。

美联储成立之初奉行"真实票据原则"。1913年颁布的《联邦储备法案》规定，货币发行数量应当与"有真实贸易背景的票据和银行汇票"相对应。据此，美联储通过调整再贴现率来调控储备成员银行的贷款总量。20世纪20年代，美联储引入公开市场操作。公开市场操作与再贴现政策形成互补。实践中，仅通过贴现数量和公开市场操作总量难以对货币政策的松紧程度进行量化，而短期市场利率则有效反映了货币政策的效果：如果短期利率水平较高，说明通过再贴现和公开市场操作投放的货币总量不足，反之亦然。随着美联储将价格稳定纳入最终目标，美联储同时把短期利率、货币供应量和信贷总量等指标作为中间目标。不过，自1934年《黄金储备法案》颁布后，配合财政政策以及对冲黄金流入成为影响数量型和价格型目标变动的主要因素，货币政策独立的政策空间非常有限。

1941年末，美国参加第二次世界大战。为了低成本地筹措战争经费，美联储于1942年应财政部的要求承诺将短期国库券利率控制在

0.375%，长期国债利率控制在 2.5% 的低水平。如果利率超过承诺水平，美联储就会采用公开市场操作，买入政府债券，引导利率下行。这种操作模式导致货币供应迅速扩张，本质上是放弃了数量型目标。1945 年第二次世界大战结束后，美联储担心一旦放开利率控制，会导致政府债券利率大幅上升，使得大量持有债券的商业银行蒙受损失，因此选择继续将利率钉在低水平。然而，长期的低利率导致货币总量大幅扩张，国内通胀压力很大，1945—1948 年，批发价格指数的年化通胀率超过 15%。尽管在此期间美联储曾试图提高利率目标，但是朝鲜战争的爆发创造了新的政府支出需求，迫使美联储再次扩张基础货币来压低政府债券利率。1951 年 2 月，美国的 CPI 通胀率达到了 21%。持续的高通胀使得美联储和财政部之间发生了激烈的争论。直到 1951 年 4 月，双方最终达成了《一致协议》，允许美联储不再钉住利率。《一致协议》将货币政策从财政部的要求下解放了出来。1952 年艾森豪威尔当选美国总统后，进一步赋予了美联储完全自由独立地追求货币政策目标的权力。

美联储获得货币政策独立性后，宣布将信贷数量作为货币政策中间目标。不过，信贷数量存在观测时滞，且难以直接控制。因此货币政策的日常操作中主要以自由准备金（超额准备金与贴现贷款数量之差，又称非借入准备金）作为中间目标。用现代中央银行学的术语来说，信贷数量是中期中间目标，而自由准备金是短期中间目标或操作目标。1965 年后，信贷数量、自由准备金与货币政策最终目标——经济增长和价格稳定——之间的关系受到了质疑，美联储还进一步将货币增长率和准备金总量等指标纳入中间目标。同时，联邦基金利率作为一种有效衡量货币市场状态的指标，其地位也日益突出。

20 世纪 70 年代，阿瑟·伯恩斯当选美联储主席后不久就宣布以货币总量作为货币政策中间目标。FOMC 从 1971 年开始为不同口径的货币供应量 M1、M2 和 M3 的增长率设定目标区间。不过，同一时期美联储也为联邦基金利率设定了目标区间，且这一目标区间往往窄于货币增长率的目标区间。例如，M1 增长率目标的典型区间是 3%～6%，M2 是 4%～7%。而联邦基金利率的目标区间为 7.5%～8.25%。这就导致很多情况下美联储不得不调整货币供应量来保证联邦基金利率处于目标区间内，从而客观上以联邦基金利率为中间目标（Mishkin，2007）。1979 年，保罗·沃尔克上任美联储主席后，将联邦基金利率目标区间放宽了 5 倍多，并且宣布以 M1 增长率为中期中间目标，以非借入准备金总量为操作目标。然而，20 世纪 80 年代金融创新非常活跃，货币市场基金、可转让支付命令等新型金融产品的出现降低了 M1 的准确性。1987 年，美联储宣布将中期中间目标转向口径更宽的 M2，1989 年将操作目标转向准备金总量。但是，从 20 世纪 80 年代末开始，M2 与宏观经济活动之间的联系也逐渐弱化。即使 90 年代初美联储将非机构类货币市场基金和机构类市场共同基金分别纳入 M2 和 M3 的定义中，这种情况也并未得到好转。

1993 年 7 月，时任美联储主席艾伦·格林斯潘在国会听证会上宣布，美联储将放弃货币供应量等数量型中间目标，转而将联邦基金利率作为中间目标。这标志着美联储重新开始正式启用价格型中间目标，并沿用至今。联邦公开市场委员会每年召开八次会议来调整并公布联邦基金利率目标区间，采用公开市场操作、超额准备金利率等一系列货币政策工具将联邦基金有效利率维持在其目标区间内。

目前成熟市场国家央行的货币政策中间目标多为短期市场利率，其中又以货币市场同业拆借利率为主。例如，美联储的中间目标为联邦基金利率，英格兰银行为隔夜拆借利率，日本银行为隔夜拆借利率，加拿大银行为市场回购或市场融资利率。自 1995 年《中国人民银行法》实施以来，我国货币政策的中间目标主要是货币供应量。不过，成熟市场国家的理论发展和政策实践也对中国产生了明显的影响。例如，中国人民银行自 2007 年开始主导设立上海银行间同业拆放利率（SHIBOR），目标就是提高利率指标在货币政策实施中的地位；2019 年 8 月，中国人民银行将贷款基础利率的报价方式改为在中期借贷便利（MLF）利率的基础上加点，并要求银行贷款参照 LPR 定价，进一步强化了利率作为中间目标的地位。尽管中国人民银行尚未像成熟市场国家的央行一样将某个短期利率作为唯一中间目标，但近年来不少学术研究（如 Xiong，2012；Sun，2015；张龙等，2020）表明，单纯使用价格型指标（如回购利率、SHIBOR）或数量型指标（如货币供应量、准备金水平）均不能完全刻画我国的货币政策立场，这说明目前我国的货币政策中间目标同时钉住短期利率和货币供应量。

（二）操作目标和中间目标体系设计：数量型目标和价格型目标之争

1. 数量型目标和价格型目标的兼容性

我们采用一个简明的货币供给 – 货币需求分析框架来说明数量型目标和价格型目标的兼容性。在这一框架下，中央银行可以选择货币供应量或利率作为货币政策操作（中间）目标。此处的货币供应量可以对应不同口径：如果考察的是操作目标，则对应的往往是准备金供应量或基础货币供应量；如果考察的是中间目标，则对应着广义货币供应量。根据流动性偏好理论，经济对货币的需求量随利率的提高而下降。如图 3-7 所示，在货币数量 – 利率空间中，货币需求曲线向右下方倾斜。货币供应机制由中央银行决定，在货币数量 – 利率空间中，中央银行决定了货币供给曲线的形状。货币市场均衡由货币供给曲线和货币需求曲线的交点 (M^*, i^*) 给出。

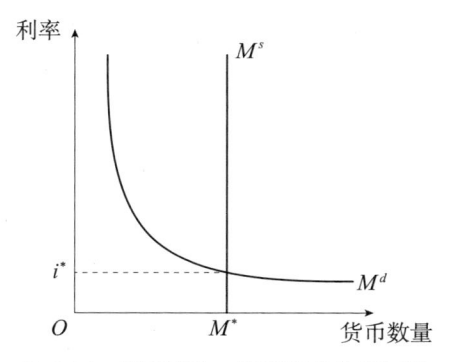

图 3-7 货币供给-货币需求分析框架

首先，假设中央银行采用数量型中间目标，也就是严格将货币供应量维持在目标值，无论均衡利率达到什么水平。在货币供给-货币需求框架中，采用数量型中间目标相当于确定了一条垂直的货币供给曲线。数量型中间目标下的均衡由图 3-8 中左图给出，中央银行设定货币数量目标为 M^*。假设经济受到正向冲击，居民收入增加，货币需求上升，导致货币需求曲线从 M_1^d 上移至 M_2^d。由于货币供应量保持目标水平 M^* 不变，均衡利率就从 i_1^* 提高至 i_2^*。因此，如果央行采用数量型目标，则发生外生冲击时均衡利率就会发生变动。

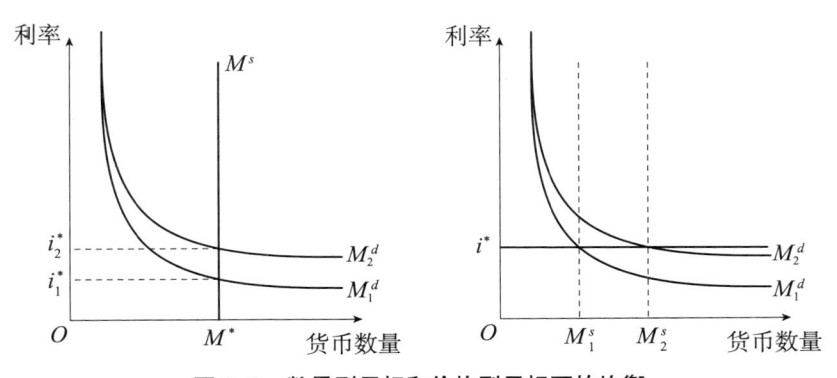

图 3-8 数量型目标和价格型目标下的均衡

现在假设中央银行采用价格型中间目标，也就是将利率维持在目标水平，并在该水平下满足货币需求的任何变化。在货币供给-货币需求框架中，采用价格型中间目标相当于确定了一条水平的货币供给曲线。价格型中间目标下的均衡如图 3-8 中右图所示，央行设定利率水平目标为 i^*。仍然假设经济受到正向冲击，货币需求上升，货币需求曲线从 M_1^d 上移至 M_2^d。由于中央银行采用价格型中间目标，为了将利率维持在目标水平，就应当相应地将货币供应量从 M_1^s 增加至 M_2^s 来满足上升的货币需求。可以看到，如果央行采用价格型目标，那么发生外生冲击时央行就会通过调整货币供应量来保证利率维持在目标水平。

数量型目标和价格型目标对应的分别是货币供给曲线垂直和水平两种极端情形。在此基础上，还可以考虑货币供给曲线向上倾斜的中间情形。这种情形对应的就是混合型中间目标。如图 3-9 所示，当货币需求曲线上移时，在货币数量增加的同时，均衡利率也会上升，不过二者变化的程度均不及单一种类中间目标的情形。在现实操作中，采用混合型目标意味着中央银行在调整货币供应量时将均衡利率水平也纳入考虑。或等价地，在调控均衡利率时将货币总量水平纳入考虑。

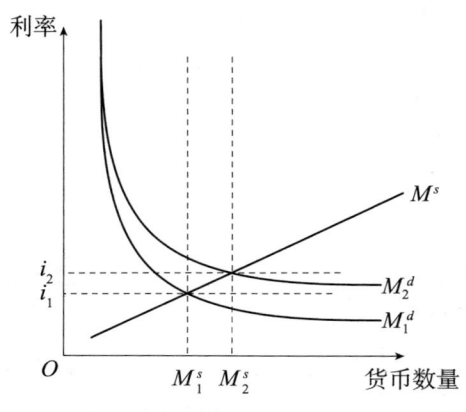

图 3-9 混合型目标下的均衡

通过以上分析不难发现，中央银行不可能同时严格地控制货币数量和均衡利率。不过，在货币政策操作中同时将货币数量和均衡利率的变化纳入考虑，使二者在合理区间变动则是有可能的。也就是说，数量型目标和价格型目标在一定程度上是可以兼容的。

2. 数量型目标和价格型目标的选择逻辑

（1）操作（中间）目标选择的 Poole 模型。

由于数量型目标和价格型目标无法兼得，货币政策操作（中间）目标体系的设计就面临两种目标的取舍问题，具体包括是否存在严格占优的目标、选择中间目标时需遵循何种逻辑等。Poole（1970）提出了一个用于研究中间目标选择问题的分析框架，这一框架简洁而清晰，且可用于实证检验。Poole（1970）的分析建立在 *IS-LM* 模型的基础之上。Poole 认为，经济中的不确定性既可能来源于真实因素变化引起的 *IS* 曲线波动，又可能来源于货币需求变化引起的 *LM* 曲线波动。对不确定性的来源进行识别是中间目标选择的关键。Poole 证明了，如果中央银行的目标是最小化产出波动，那么当真实因素引起的 *IS* 曲线波动占主导时，应当选择货币供应量作为中间目标；当货币需求变化引起的 *LM* 曲线波动占主导时，应当选择利率作为中间目标。Poole（1970）的原始论述中对上述结论进行了严谨的数学推导，我们通过对两种极端情形进行图示分析来说明上述结论的逻辑。分别考虑仅存在真实冲击和仅存在货币需求冲击的情形，并观察采用不同中间目标时总产出的波动情况。

图 3-10 中上图描绘了仅存在真实冲击的情形。在真实冲击下，*IS* 曲线在 IS^1 和 IS^2 之间移动，央行的目标产出水平为 Y^*。如果央行采用数量型目标，供应使得 *LM* 曲线保持在 LM^* 位置不变的货币数量。均衡中的总产出水平取决于 LM^* 与 *IS* 曲线的交点位置，图中钉住数量型目标的政策下总产出在 Y_m^1 和 Y_m^2 之间波动。如果央行钉住价格型目标，那么当 *IS* 曲线移动时，央行会相应调整货币供应量，使得利率保持在目标水平 i^*。因此，均衡中的总产出水平取决于平行于横

轴的利率水平线与 IS 曲线的交点位置，图中钉住价格型目标的政策下总产出水平的波动范围为 Y_i^1 至 Y_i^2。观察该图不难想象，无论 IS 曲线和 LM 曲线的斜率如何变化，钉住数量型目标时的总产出的波动范围都比钉住价格型目标时更小。因此，在平抑总产出波动的意义上，如果经济中的不确定性主要来自真实因素导致的 IS 曲线移动，则货币政策应当采用数量型中间目标。

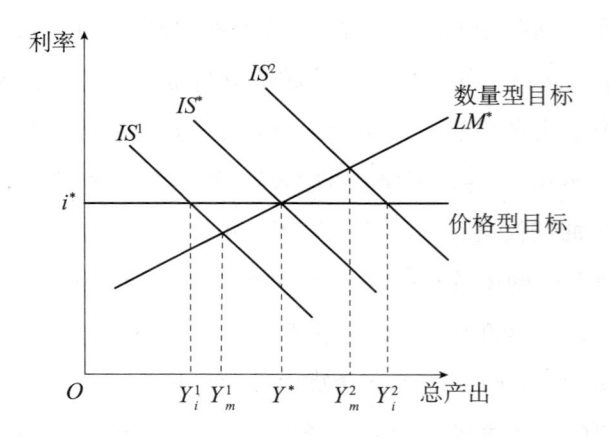

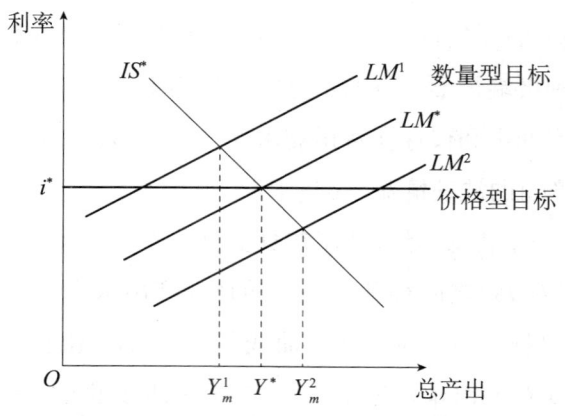

图 3-10 不同冲击来源下采用价格型目标和数量型目标的总产出波动性

图 3-10 中下图描绘了仅存在货币需求冲击的情形。当存在货币需求冲击时，即使央行保持货币供给不变，LM 曲线也会在 LM^1 和

LM^2 之间移动。采用数量型目标时,虽然货币供应量使得 LM 曲线在不存在冲击时能够保持在目标位置 LM^*,但是由于货币需求冲击的存在,LM 曲线仍会发生移动。均衡中的总产出水平取决于 LM 曲线与固定的 IS 曲线的交点,总产出的波动范围是 Y_m^1 至 Y_m^2。如果央行采用价格型目标,就会对货币需求冲击做出响应,调整货币供给,使利率固定在目标水平 i^*。由于 IS 曲线不会移动,所以均衡总产出 Y^* 就由利率目标 i^* 和 IS 曲线唯一决定,因而央行就能够将产出精确控制在目标水平。对比来看,如果外生冲击的来源主要是货币需求冲击导致的 LM 曲线移动,那么采用价格型目标可以完全消除产出波动,而采用数量型目标则不能,因此钉住价格型目标是更优的选择。

  Poole 模型的核心在于识别经济中不确定性的来源主要是真实因素冲击还是货币需求冲击。据此,如果能够通过数据对两种冲击进行识别,进而计算钉住两类目标时产出波动率的相对大小,就能够科学地给出更适合采用数量型目标还是价格型目标的政策建议。根据前文的图示分析,真实因素冲击引起的是 IS 曲线移动,货币需求冲击引起的是 LM 曲线移动。因此,通过设定并估计 IS 和 LM 方程获得的扰动项可以用来衡量两种冲击。伍戈和李斌(2016)针对我国的情形进行了估计。IS 曲线和 LM 曲线的设定分别为:

$$IS \text{ 曲线}: y_t = \beta_0 + \beta_1 r_t + u_t, \quad \beta_1 < 0 \qquad (3-28)$$

$$LM \text{ 曲线}: m_t = \gamma_0 + \gamma_1 y_t + \gamma_2 r_t + v_t, \quad \gamma_1 < 0, \gamma_2 < 0 \qquad (3-29)$$

其中,y_t 和 m_t 分别表示真实总产出和货币总量的对数值,r_t 表示名义利率。扰动项 u_t 和 v_t 分别表示估计的真实冲击和货币需求冲击,其标准差分别为 σ_u 和 σ_v,协方差为 σ_{uv}。总产出变量 y_t 选用真实 GDP。模型中的数量型目标是 m_t,选用广义货币总量 M2;价格型中间目标是 r_t,伍戈和李斌(2016)考虑了几种不同的短期利率指标,包括隔夜 SHIBOR、3 个月 SHIBOR、7 天回购利率和 3 个月回购利率。钉住数量型目标和价格型目标时得到的产出波动率分别记为 L_M 和 L_r，二者的表达式分别为：

$$L_M = \frac{\text{Var}(\beta_2 v_t + \gamma_2 u_t)}{(\beta_1 \gamma_1 + \beta_2)^2}, \quad L_r = \sigma_u^2 \qquad (3-30)$$

表 3-5 报告了钉住价格型目标和数量型目标得到的总产出波动率 L_r 和 L_M 之比。该比值大于 1 说明采用数量型目标更有利于平抑总产出波动，应当选用数量型中间目标，反之则说明应当选用价格型中间目标。估计样本区间为 2008 年 1 月至 2015 年 3 月。估计结果显示，无论采用何种利率指标，钉住价格型目标获得的总产出波动率均为钉住数量型目标的 2.5 倍左右。因此，如果采用 Poole（1970）的分析框架，那么在给定样本区间内钉住数量型目标优于钉住价格型目标。

表3-5 Poole模型的估计结果

利率指标	隔夜 SHIBOR	3 个月 SHIBOR	7 天回购利率	3 个月回购利率
L_r/L_M	2.49	2.89	2.79	2.60
最优中间目标	数量型目标	数量型目标	数量型目标	数量型目标

资料来源：伍戈和李斌（2016）.

当然，伍戈和李斌（2016）同时指出，如果调整样本区间，政策建议就会相应发生改变。从 2010 年左右起，金融创新开始加速，金融产品的日益丰富和日益复杂化导致货币需求的不确定性不断增强，货币供应量的可控性降低了。考虑到这一点，采用 2011 年后的样本重新进行估计后发现，如果采用隔夜利率作为价格型目标变量，则价格型目标的调控效果已经优于数量型目标。这一结果暗示，需要在更长的周期中进行考察，才能知道到底数量型目标还是价格型目标更加适合我国。

（2）具有微观基础的操作（中间）目标选择模型。

Poole 模型的理论基础是 *IS-LM* 模型。这一类模型中宏观经济变量之间的关系是根据经验证据设定的代数方程，如投资总量与名义利率负相关。这种模型构建逻辑的优势在于简洁明了，数学上容易处理，比较方便推导和解释变量之间的互动关系。其缺陷在于缺乏微观基础，也就是没有从微观经济主体的决策机制出发构建宏观经济变量动态机制。Lucas（1976）指出，经济主体的决策会受到政策变化和对未来的预期的影响，这导致宏观变量的动态机制会随政策的变化而变化。然而，一个缺乏微观基础的模型通常假设政策变量的调整与宏观变量动态机制无关，基于这类模型的反事实政策分析由于忽略了政策变化对经济主体决策机制的影响，其结果有可能不可靠。

鉴于微观基础对政策分析的必要性，近年来文献多采用具有微观基础的动态随机一般均衡（DSGE）模型来分析操作目标和中间目标的选择问题，代表性文献包括 Zhang（2009）、Liu 和 Zhang（2010），伍戈和连飞（2016）、王曦等（2017）、Li 和 Liu（2017）等。这些研究虽然视角各不相同，但其核心理论模型均是在传统新凯恩斯主义模型（如 Clarida 等，1999；Smets 和 Wouters，2007）的基础上引入货币需求构建的。为了节约篇幅，这里省略传统新凯恩斯主义模型的构建和推导[①]，重点介绍该模型引入货币以及数量型和价格型操作（中间）目标的方法。

研究操作（中间）目标选择问题的文献绝大多数以货币效用函数（money-in-utility，MIU）的方式引入货币。MIU 假设家庭能够通过持有货币获得效用。家庭终身效用函数和跨期预算约束一般具有如下形式：

---

① 感兴趣的读者可以参见 Gali（2008）、Smets 和 Wouters（2007）等。

$$E_0 \sum_{t=0}^{\infty} \beta^t \left[\ln(C_t) + \Phi_m \ln\left(\frac{M_t}{P_t}\right) - \Phi_l \frac{L_t^{1+\eta}}{1+\eta} \right] \quad (3\text{-}31)$$

$$C_t + \frac{M_t}{P_t} + \frac{B_t}{P_t} \leq \frac{W_t L_t}{P_t} + \frac{R_{t-1} B_{t-1}}{P_t} + \frac{M_{t-1}}{P_t} + \Pi_t - T_t \quad (3\text{-}32)$$

其中，C_t 表示消费量，M_t 表示名义货币持有量，B_t 表示名义债券持有量，R_t 表示名义（总）利率，L_t 表示劳动量，W_t 表示名义工资，P_t 表示价格，Π_t 表示企业分配的利润，T_t 表示一次性总付税。家庭终身效用关于货币的一阶条件为：

$$m_t = \Phi_m C_t \left(1 + \frac{1}{i_t}\right) \quad (3\text{-}33)$$

其中，$m_t = M_t/P_t$ 是真实货币持有量，$i_t = R_t - 1$ 是名义（净）利率。式（3-33）是基于微观基础模型推导出的货币需求方程。真实货币需求量与真实消费正相关，与名义利率负相关，与 *IS-LM* 模型中的货币需求曲线具有相似的性质。

模型通过改变货币政策反应方程的左手侧变量来实现不同的操作（中间）目标设定。数量型目标对应的货币政策反应方程左手侧变量为货币供应量增长率 g_t，具体形式为：

$$g_t = \rho_m g_{t-1} + (1-\rho_m)(\varphi_\pi^m \pi_t + \varphi_y^m y_t) \quad (3\text{-}34)$$

类似地，价格型目标对应的货币政策反应方程左手侧变量为名义无风险利率 R_t：

$$R_t = \rho_r R_{t-1} + (1-\rho_r)(\varphi_\pi^r \pi_t + \varphi_y^r y_t) \quad (3\text{-}35)$$

需要注意的是，正如在前文"数量型目标和价格型目标的兼容性"小节所讨论的，中央银行不可能同时严格地控制货币数量和均衡利率。也就是说，不可能同时采用方程（3-34）和方程（3-35）作为货币政策规则。不过，央行可以通过采用以下混合型货币政策规则兼顾货币增长率和利率变量：

$$\gamma R_t + (1-\gamma)g_t = \gamma\rho_r R_{t-1} + (1-\gamma)\rho_m g_{t-1} \\ + \left[\gamma(1-\rho_r)\phi_\pi^r + (1-\gamma)(1-\rho_m)\phi_\pi^m\right]\pi_t \\ + \left[\gamma(1-\rho_r)\phi_y^r + (1-\gamma)(1-\rho_m)\phi_y^m\right]y_t \quad （3-36）$$

混合型规则是数量型规则和价格型规则的线性组合，γ是价格型目标在混合型目标中的权重。

本小节以王曦等（2017）基于中国2003—2015年数据估计的模型结果为例介绍数量型目标和价格型目标在我国货币政策实践中的适用性。表3-6展示了采用数量型目标、价格型目标和混合型目标时居民福利（用等价消费偏离稳态的程度衡量）在外生冲击影响下的波动情况。在技术冲击和投资专有技术冲击下，采用混合型目标时居民福利的波动程度明显低于采用数量型目标和价格型目标时居民福利的波动程度，而货币政策冲击下采用价格型目标最有利于平抑经济波动。综合来看，具体应当采用哪种操作（中间）目标取决于哪种外生冲击是影响经济波动的主要力量。

表3-6 不同操作（中间）目标设定下的居民福利波动

	技术冲击	投资专有技术冲击	货币政策冲击
数量型目标	0.59	0.52	8.11
价格型目标	0.54	0.84	2.11
混合型目标	0.33	0.38	7.42

资料来源：王曦等（2017）.

三、基于多层次目标体系的货币政策调控机制

货币政策调控机制是低层次目标（更加接近货币政策工具）对高层次目标（更加接近最终目标）的反馈，主要体现为操作目标对最终

目标的反馈，即货币政策制定者根据最终目标变量的变化，运用货币政策工具来调整操作目标变量的系统策略。这种反馈机制构成了货币政策调控机制的内容，属于货币政策目标体系的一部分。在理想的货币政策调控机制下，中央银行在每个时期制定状态依存的长期最优政策。但是，这种调控策略要求政策当局对经济运行机制和预期形成机制等具有完全信息。因而理论上的最优货币政策的功能在于揭示合意政策所需遵循的基本逻辑，而不在于其本身的现实可行性。现实中，科学的货币政策反应机制往往寻求效果接近最优政策规则，即操作目标变量对最终目标变量的线性反应方程。最经典的货币政策规则是设定短期利率对通货膨胀率和产出缺口做出正向反应的泰勒规则。我国的货币政策调控机制可见泰勒规则的影子，但又有其独有的特征。

（一）相机抉择、政策规则与动态不一致问题

货币政策调控逻辑的相机抉择和规则之争是货币政策领域历史最为悠久的研究主题之一。简言之，相机抉择的含义是在每个时期根据当前情况独立制定货币政策，规则指的是在相对长期内按照某种一致的反应规则进行货币政策调整。在历史上，关于央行进行货币政策调控时应该遵守规则还是应该相机抉择的讨论可以追溯到18世纪通货学派和银行学派的争论。进入20世纪以来，相机抉择和规则问题再次吸引了宏观经济学界和政策制定者的大量关注。

现代意义上的相机抉择与规则之争开始于1929年大萧条之后。大萧条的发生使得人们对相机抉择的货币政策操作模式产生了质疑。在此背景下，来自芝加哥大学的11位芝加哥学派经济学家于1933年3月提出了一系列改革美国金融系统的建议，即"芝加哥计划"，其中最主要的一条是存款机构应该持有100%的存款准备金。"芝加哥计划"的主要提出者亨利·西蒙斯（Henry Simons）在1936年发表的《货

币政策的规则和权威》(Rules versus Authorities in Monetary Policy)一文中蕴含了芝加哥学派的代表性观点。西蒙斯(Simons, 1936)认为,一个有明确规则的货币制度对自由经济体系极为重要,货币政策规则的制定要简单且明确,以免给央行更大的自主决策空间。他认为,竞争性经济的本质是稳定的,正常的技术进步和经济增长会导致稳态的名义生产要素价格和收入水平的相同程度下降,因此没有理由使货币数量随着时间的推移而增加。在他看来,固定的货币数量是自由经济体系的最佳货币政策规则,因为这会最大限度地使央行的决策变得不那么重要,从而避免相机抉择。不过,西蒙斯也意识到,最理想的机械式的货币政策规则并不可行,一种更为现实的选择是将稳定物价指数作为货币政策规则,这给了央行选择稳态的价格指数水平和选择价格指数的自由,从而增加了经济的不确定性。

同一时期与芝加哥学派观点针锋相对的是凯恩斯主义。相比于同期芝加哥学派对货币政策规则的坚持,凯恩斯主义主张在遇到经济冲击时,央行应该根据经济情况采取相机抉择的货币政策。根据凯恩斯提出的货币需求理论,扩张性货币政策可以降低利率,增加投资,投资的扩张会增加总需求,继而导致总收入上升。央行不仅可以通过扩张性货币政策刺激经济,也可以通过紧缩性货币政策抑制通胀。凯恩斯主义的反周期政策操作成为政府进行宏观调控的重要手段,这也正是相机抉择的核心。相机抉择在大萧条后至20世纪60年代备受政府青睐,但是从70年代开始西方国家普遍出现了经济增长停滞、失业增加、通货膨胀同时存在的现象,即滞涨现象,凯恩斯主义因此受到了质疑。

进入20世纪50年代后,货币主义学派成为货币政策规则的主要支持者。货币主义学派自20世纪50年代末开始兴起,弗里德曼是其代表人物。货币主义认为货币是中性的,货币供应量的短期波动虽然会对产出造成影响，但这种影响是暂时的，长期来看，产出由劳动力、资本存量、技术等因素决定，相机抉择的扩张性货币政策反而会导致通货膨胀。政策制定者所面临的信息约束、政治压力和政策操作的时滞性等问题使得相机抉择无法稳定经济，反而成为造成经济不稳定的因素。

有意思的是，作为西蒙斯的学生，弗里德曼最开始也支持芝加哥计划中100%的存款准备金率和固定货币数量等内容。弗里德曼（Friedman，1948）认为，100%的存款准备金率可以最大限度地消除私人部门创造货币的现象，从而将储蓄与银行体系的借贷职能分离开来。之后，弗里德曼在1960年发表的文章中仍支持100%的存款准备金率（Glasner，2017），但在1962年后，弗里德曼便改变了自己的观点，认为将货币总量的年增长率维持在某一固定水平是一个更合适的货币政策规则，这就是著名的弗里德曼规则。

弗里德曼（1967）认为，西蒙斯对大萧条的理解存在错误。西蒙斯认为，大萧条期间收入和就业的大幅下降是公众的货币需求不稳定造成的，货币需求的增长使公众试图增加他们的现金持有量，并将存款转换成现金，从而导致支出、收入和就业的收缩。弗里德曼（1967）认为，1929年只是一个正常的经济周期的收缩阶段，但是美联储没有向陷入困境的银行提供援助，未能履行最后贷款人的职责，引发了全国银行的倒闭浪潮。美联储的政策失误使人们对银行失去信心，从而引发了大萧条，因此弗里德曼得出结论，如果美联储能够确保货币数量以稳定的速度增长，那么困扰西蒙斯的货币流通速度的急剧变化就不再是一个严重的问题。

进入20世纪70年代后，随着不少西方国家出现滞胀，虽然许多学者开始关注相机抉择的弊端，但是货币政策规则也并未轻易获得人们的认可。一个简单的逻辑是，相机抉择似乎包含了货币政策规则的所有政策选项,并且具有更大的灵活性:如果相机抉择同样可以采取某种规则行事,并在适当的时候弃用这项规则,那么相机抉择只会比货币政策规则做得更好。在这一时期,理性预期学派从微观经济主体的决策机制出发,为货币政策规则理论提供了强有力的支持,其代表人物 Lucas(1972)首次将 Muth(1961)提出的理性预期假说与货币主义模型结合起来分析,并指出经济主体预期到的货币存量的变化在长期和短期都是中性的。理性预期学派认为,掌握了所有有效信息的经济主体能够预料到央行的意图,因此符合预期的扩张性货币政策只会加剧通货膨胀,相机抉择带来的收益会被理性预期抵销。因此,相比相机抉择,中央银行设定可信的货币政策规则并让市场机制充分发挥其调节作用反而更加有利于维持经济稳定。

Kydland 和 Prescott(1977)进一步将 Lucas 的分析规范化,并将其表述为相机抉择政策的动态不一致(dynamic inconsistency)问题。动态不一致也称为时间不一致。如果政策制定者在当前按最优化原则制定未来时点的政策,但是当未来时点到来时,原先制定的政策已经不再是最优政策了,就称该最优政策是动态不一致的。Kydland 和 Prescott(1977)以及 Barro 和 Gordon(1983)等研究提出的丰富的动态(不)一致理论为货币政策规则在这场争论中的最终胜利奠定了基础。此后关于货币政策调控机制的研究大多将央行遵循货币政策规则作为基本假设。

本书基于 Kydland 和 Prescott(1977)简要介绍动态不一致理论的基本思想。假设存在一个公认的社会目标函数:

$$S(x_1,\cdots,x_T,\pi_1,\cdots,\pi_T) \tag{3-37}$$

其中,π_t 代表政策制定者在第 t 期的政策变量,x_t 代表经济主体在第 t 期的决策变量,x_t 取决于所有政策变量和自身过去所做的决策变量:

$$x_t = X_t(x_1,\cdots,x_{t-1},\pi_1,\cdots\pi_t),\ t=1,\cdots,T \tag{3-38}$$

最优政策通过选择 π_t 在经济主体决策函数（3-38）的约束下最大化社会目标函数（3-37）。为了简化分析，假定只存在两个时期，则最优化问题可以表示为：

$$\max_{\pi_1,\pi_2} S(x_1,x_2,\pi_1,\pi_2)$$
$$\text{s.t.} \quad x_1 = X_1(\pi_1,\pi_2)$$
$$x_2 = X_2(x_1,\pi_1,\pi_2) \tag{3-39}$$

如果政策制定者按规则行事，即在第 1 期对第 2 期政策做出承诺并严格遵守承诺，则一阶条件为：

$$\frac{\partial S}{\partial x_2}\frac{\partial X_2}{\partial \pi_1} + \frac{\partial S}{\partial \pi_1} + \frac{\partial X_1}{\partial \pi_1}\left(\frac{\partial S}{\partial x_1} + \frac{\partial S}{\partial x_2}\frac{\partial X_2}{\partial x_1}\right) = 0 \tag{3-40}$$

$$\frac{\partial S}{\partial x_2}\frac{\partial X_2}{\partial \pi_2} + \frac{\partial S}{\partial \pi_2} + \frac{\partial X_1}{\partial \pi_2}\left(\frac{\partial S}{\partial x_1} + \frac{\partial S}{\partial x_2}\frac{\partial X_2}{\partial x_1}\right) = 0 \tag{3-41}$$

假设最优的政策为 (π_1^*,π_2^*)，经济主体根据政策制定者的承诺做出相应的决策 (x_1^*,x_2^*)。在第 1 期时，两者的决策分别是 π_1^* 和 x_1^*。到第 2 期时，由于经济主体已经无法改变第 1 期的决定，所以在第 1 期提前制定的政策 π_2^* 很可能不再是最优政策，于是动态不一致性就出现了。此时政策制定者有对第 2 期政策进行再优化的动力，新的优化问题就可以表示为：

$$\max_{\pi_2} S(x_1,x_2,\pi_1,\pi_2)$$
$$\text{s.t.} \quad x_2 = X_2(x_1^*,\pi_1^*,\pi_2) \tag{3-42}$$

一阶条件为：

$$\frac{\partial S}{\partial x_2}\frac{\partial X_2}{\partial \pi_2} + \frac{\partial S}{\partial \pi_2} = 0 \tag{3-43}$$

假设第 2 期政策的最优解为 π_2^{**}，对比式（3-41），如果要使 $\pi_2^* = \pi_2^{**}$，需要满足以下条件：

$$\frac{\partial X_1}{\partial \pi_2}\left(\frac{\partial S}{\partial x_1} + \frac{\partial S}{\partial x_2}\frac{\partial X_2}{\partial x_1}\right) = 0 \tag{3-44}$$

式（3-44）的成立要求满足以下条件：要么第 2 期的政策对经济主体第 1 期的决策没有影响，即不存在前瞻性因素；要么经济主体第 1 期的决策对社会目标函数的直接影响和间接影响之和为 0。这两种情况一般都不符合现实，特别是经济主体的决策往往与他们对未来政策的预期有关，所以 π_2^* 和 π_2^{**} 一般不相等。

在相机抉择的情况下，政策受到的约束较货币政策规则更少。如果不考虑经济主体的预期行为，最优相机抉择政策产生的均衡 (π_1^*, π_2^*) 和 (x_1^*, x_2^*) 会使社会目标函数的值大于等于货币政策规则情形下的值。但是，政策制定者和经济主体是博弈的双方，正如政策制定者可以违背承诺改变第 2 期的政策那样，理性的经济主体也会预见到政策制定者相机抉择的冲动，在第 1 期就不会被政策制定者的承诺欺骗。由于经济主体在第 1 期不会做出与 x_1^* 相同的决策，所以第 2 期的决策也会和前两种情况不同，政策制定者在第 2 期相机抉择的结果也会发生变化，政策为 (π_1^*, π_2^{***})。在这种情况下，经济主体和政策制定者的决策也满足约束（3-38），但是由于政策 (π_1^*, π_2^*) 和经济主体的反应 (x_1^*, x_2^*) 是使社会目标函数在约束（3-38）下最大化的组合，所以相机抉择政策反而会使社会目标函数的值低于货币政策规则情形下的值。

根据以上分析，Kydland 和 Prescott（1977）指出，如果经济主体被政策制定者欺骗，那么相机抉择会产生比货币政策规则更好的结果，但是在理性预期下，经济主体预期到政策的动态不一致性，相机抉择就可能导致次优的结果。因而在经济主体具有理性预期的假设下，政策当局应该采取货币政策规则而不是相机抉择的方式制定政策。

Barro 和 Gordon（1983）进一步将动态不一致性引入了具体的货币政策分析。央行在执行货币政策时，宣布采用某个通胀目标，该通胀目标在最初是最大化期望社会福利的最优政策。但是，如果公众相信央行的承诺并以此形成通胀预期并设定名义工资，那么此前宣布的通胀目标就可能不再是最优的了，亦即出现了动态不一致性问题。在这种情况下，央行可能会违背承诺，提高通胀目标以促进产出增长、提高就业水平。但是央行不可能永远欺骗公众，做出理性预期的公众会考虑到央行违背承诺的可能，因此会提高通胀预期，使央行的通胀目标从一开始就无法实现。Barro 和 Gordon（1983）认为，相机抉择下的通胀率高于采用货币政策规则情形下的通胀率。

（二）泰勒规则

动态不一致理论的提出使得货币政策规则成为货币政策调控机制建模的主要形式，也带动了货币政策规则论的蓬勃发展。货币政策规则论的里程碑成果是斯坦福大学教授约翰·泰勒于 1993 年提出的泰勒规则（Taylor，1993）。虽然同一时期也有其他形式的货币政策规则，如基于基础货币增长率的麦卡勒姆（McCallum，1988）规则等，但是泰勒规则是货币政策规则论的代表性成果，不仅被广泛运用于宏观分析的理论框架中，而且被很多中央银行作为货币政策调控的基本规则。

泰勒（1993）不仅是货币政策规则的典型代表，而且对货币政策规则这一概念的内涵进行了重要辨析。他指出，货币政策规则不是纯粹机械的公式，对它的运用不能简单地由计算机完成，而需要政策制定者结合经济运行的现实情况进行综合考虑。泰勒进一步表示，对"货币政策规则"的更准确称呼是"系统性政策"或"政策系统"，他援引 1990 年总统经济报告中对这一概念的描述来进行说明："我的行政工作……将支持一套可靠的、系统性的货币政策以维持……最大化经济增长同时控制并降低通货膨胀率。"但是，这一特征并不意味着货币政策规则的概念中包含纯粹的相机抉择。这是因为：尽管货币政策规则在运用中需要结合政策制定者的主观判断，但在长期中不会出现对规则的系统性偏离。相反，在相机抉择的政策中，政策变量在每个时期独立确定，并不试图遵循某一长期确定的计划。

此外，泰勒特别强调了货币政策规则的持续性。从理论上讲，除非发生明确的例外，否则货币政策规则应当永久持续。事实上，尽管没有货币政策规则会永久持续，但是如果政策制定者想要获得政策可信带来的收益，就必须在一段较长的时间内信守遵循规则的承诺，这一时长可能是几个经济周期或至少几年。频繁变动的货币政策规则会令任何基于计量方法的政策评价都失去意义。泰勒对货币政策规则概念外延的讨论主要是从三个方面，即货币政策规则的设计、货币政策规则的日度操作和货币政策规则的转型展开的。

1. 货币政策规则的设计

货币政策规则是刻画货币政策操作目标如何根据最终目标的变动而调整的规则。其左手侧是货币政策操作目标，如短期利率、非借入准备金总量等；右手侧是货币政策最终目标，如通货膨胀率、产出增长率等。Bryant 等（1993）通过九种不同的计量模型评价了多种不同货币政策规则的表现。所评价的规则均采用短期利率作为操作目标，即利率规则。短期利率对以下变量中的一种或几种做出反应：货币供应量与目标的偏离、汇率与目标的偏离、通胀率（或价格水平）与目标的偏离以及真实总产出与目标的偏离。他们发现，直接对通胀率和真实产出做出反应的规则在平抑产出和价格波动方面的表现优于对货币供应量和汇率做出反应的规则。泰勒（Taylor，1999）在研究中也得出了相似的结论。因此，泰勒规则将操作目标设定为短期利率，同时将最终目标设定为通胀率和真实产出缺口。具体而言，在通胀率和产出高于目标值时上调短期利率，低于目标值时下调短期利率，即通胀率和真实产出缺口在货币政策规则右手侧具有正的权重：

$$r_t = \pi_t + 0.5 y_t + 0.5(\pi_t - \pi^*) + rr^* \tag{3-45}$$

其中，r_t 是短期名义利率，在美国即联邦基金利率；π_t 是同比通胀率；y_t 是真实产出缺口，即真实产出偏离其潜在水平的百分比，若将真实产出记为 Y_t，真实产出的潜在水平记为 Y_t^*，则 $y_t = 100(Y_t - Y_t^*)/Y_t^*$；$\pi^*$ 是通胀目标值；rr^* 是均衡真实利率。不难发现，泰勒规则的左手侧变量是货币政策的操作目标变量，右手侧变量是最终目标变量。泰勒进一步将通胀目标值设定为 2%，均衡真实利率设定为 2%。在上式中，如果令真实产出缺口和通胀率均等于其目标值（真实产出缺口的目标值为 0），就能得出隐含的联邦基金利率目标值是 4%。泰勒先验地将产出缺口和通胀率前的系数均设为 0.5。这一规则能够较好地拟合 1987—1992 年间联邦基金利率的走势。

2. 货币政策规则的日度操作

泰勒指出，在实际政策操作中机械地遵循政策规则是不可取的，并提出了两种运用政策规则的可能方式：其一是将政策规则的具体形式纳入央行决策的信息集中；其二是不设定政策规则的具体形式，而是在政策制定中仅运用政策规则所蕴含的总体原则。

政策制定者，如 FOMC 进行政策决策时会考虑一系列因素，包括领先指标、收益率曲线的形状、模型预测结果等。泰勒认为，具有具体形式的政策规则也是可以被纳入考虑的因素之一。如果政策规则能够较好地拟合 FOMC 过去的决策，则该规则就可以被用来预测接下来几个季度的联邦基金利率，成为模型整体预测的一部分。另外，如果货币政策规则较好地描述了过去几年美联储的实际决策，且 FOMC 认为这段时间内的决策是正确的，则这一规则就可能为未来的政策制定提供指导。

对货币政策规则的运用也可以不设定其代数形式，而是仅考虑规则中蕴含的总体原则。这意味着运用规则时仅遵循规则方程中的符号，而系数的大小则依总需求对利率的敏感性而定，是否进行操作也要结合政策制定者的判断。例如,泰勒规则的原则是在通胀率和产出缺口上升时提高短期利率,下降时降低短期利率;但实际操作中是否确实进行调整,调升或调降程度如何则由政策制定者自行决定。

泰勒接着给出了两个灵活实施政策规则的案例。第一个案例是:在1990年石油危机中,石油的现货价格在短期内大幅上升,推动通货膨胀率走高。但是石油价格的这种上升是暂时的,石油期货价格也反映了这一点。在这种情况下,货币政策就不必对通胀做出反应。第二个案例是:在民主德国和联邦德国合并前夕,德国的长期利率上升,但是这一变化的出现并不是因为预期通胀率的上升,而是因为民主德国和联邦德国合并后将出现可预期的财政赤字增加和投资需求上升,从而导致实际利率上升,因此,同样不需要对短期利率进行调整。

3. 货币政策规则的转型

虽然货币政策规则理论要求中央银行在较长时期内按照一定的规则制定货币政策,但是随着时间的推移,重大外生事件、经济制度性变革等因素可能推动经济发生结构性变化,货币政策规则也往往面临转型。货币政策规则的转型指的是从原有政策规则向长期中更优的新政策规则的过渡。泰勒认为,在货币政策规则的转型中需要特别关注公众预期形成机制和经济中的刚性两方面因素。

公众预期会对政策规则转型的方式造成影响。研究中常假设公众具有理性预期,当政策持续的时间足够长时,公众能够对政策和其他经济变量产生无偏的预期,并且根据预期调整自己的行为,这样的假设是合理的。但是,当政策处于转型期时,公众难以立即完全理解新政策,并且相信政策制定者将会一直调整政策。在这一时期,简单的理性预期模型就不再有效了。此时人们形成预期时不仅会考察过去的政策,还会对政策制定者过去的行为、新政策的可行性等因素进行综合考虑，以评估新政策的可信度。

受制于经济中存在的自然刚性，人们行为的转变存在时滞，这也会对货币政策规则的转型造成影响。经济中存在大量基于原有的货币政策规则的承诺，如长期工资设定、长期投资计划和贷款合同等。这意味着货币政策规则的转型应当是公开且渐进的，从而为废止基于原有政策的承诺提供时间，避免造成过度的损失。

（三）泰勒规则的扩展形式

泰勒规则为分析货币政策调控机制提出了一个简洁却有效的框架，即短期利率对通胀率与目标的偏离值和产出缺口做出反应。泰勒规则在平抑通胀和产出波动方面的有效性得到了一系列理论文献（Ball，1997，1999；Svensson，1997；Levin 等，1999；Woodford，2001；Williams，2003；等等）的支持。后续的学术研究与各国央行的政策实践在此框架下提出了原始泰勒规则的种种变体。其中较为重要的扩展集中于三点：其一是右手侧最终目标变量下标的选取，对这一问题的回答构成了前瞻型规则、当期型规则和后顾型规则；其二是短期利率局部调整的问题，即货币政策规则中的利率平滑；其三是左手侧操作目标变量的选取。

1. 右手侧最终目标变量下标的选取

在泰勒规则中，中央银行根据通胀偏离和产出缺口调整短期利率。然而，这一表述并未规定利率是对过去的、当期的还是未来的（预期的）通胀率和产出缺口做出反应。对过去一期或几期变量做出反应的规则称为后顾型（backward-looking）规则，对当期经济变量做出反应的规则称为当期型（contemporaneous）规则，根据预期变量调整利率的规则称为前瞻型（forward-looking）规则。文献对泰勒规则目标变量下标选取的研究主要集中于当期型规则和前瞻型规则，对后顾型规则的讨论相对较少。

泰勒（Taylor，1993）提出的原始泰勒规则本身就是当期型规则的代表——联邦基金利率对当期同比通胀率与目标值的差以及当期产出偏离潜在产出的百分比做出反应。在泰勒（Taylor，1999）中，他还进一步运用当期型规则的框架对美国 1879 年以来的短期利率行为进行了估计。部分文献利用宏观模型模拟了当期型规则的效果。Levin 等（1999）利用四个不同的结构化宏观经济模型检验了泰勒规则的稳健性。他们认为，为了减少通胀和产出波动，短期利率应该对当期的产出缺口和通货膨胀做出反应，考虑过去的通货膨胀的规则与纯粹当期型规则表现相似，而考虑预期变量对政策的提升几乎可以忽略。Williams（2003）利用 FRB/US 模型模拟了带利率平滑的当期型泰勒规则的效果，发现这种简单的政策规则在平抑通胀、产出和利率波动方面都非常有效。此外，Woodford（2000）还指出，纯粹基于预期的政策规则可能造成经济中无法形成唯一的稳定理性预期，从而带来由"自我实现"预期造成的额外波动，因此政策规则的右手侧必须包含当期型和后顾型变量。

在前瞻型泰勒规则中，规则方程的右手侧变量是通胀率和产出缺口的预期值，政策制定者根据预期通胀率和产出缺口偏离目标值的水平来调整短期名义利率。前瞻型泰勒规则的代表是 Clarida 等（2000），他们提出了一个颇为简洁的带预期的政策规则：

$$i_t^* = i^* + \beta\left[E(\pi_{t,k}|\Omega_t) - \pi^*\right] + \gamma E(x_{t,q}|\Omega_t) \quad (3-46)$$

其中，i_t^* 是第 t 期的短期名义利率目标值；$\pi_{t,k}$ 表示第 t 期和第 $t+k$ 期之间价格水平的（年化）变化率；π^* 是目标通胀率；$x_{t,q}$ 是第 t 期和第 $t+k$ 期之间的平均产出缺口；E 是期望算子；Ω_t 是政策制定时（第 t 期）可用的信息集。根据以上设定，i^* 就是通胀率和产出缺口都等于其目标值时的目标名义利率。Clarida 等指出，前瞻型规则实际上包络了后顾型规则和当期型规则的设定：如果通胀率和产出缺口的滞后项或其线性组合是预测未来通胀率和产出缺口的充分统计量，则上式就退化成了后顾型规则或当期型规则。如果上述情形不成立，则这一设定同样允许央行在预测未来情况时考虑滞后通胀率和产出缺口以外的其他因素。

部分文献讨论了前瞻型规则下前瞻期数的选取问题。Orphanides（2001）利用实时数据对不同下标范围的政策规则进行估计时发现，前瞻4个季度的规则对现实数据的拟合最佳。Levin 等（2003）比较了前瞻型规则在不同模型中的表现，发现对短期预期（不超过一年）的通胀偏离和当期的产出缺口做出反应的前瞻型规则表现较为稳健。

2. 利率平滑

原始泰勒规则隐含地假设实际联邦基金利率能够瞬间准确地调整至目标值，但事实上利率的变化往往具有局部调整（partial adjustment）或平滑（smoothing）的特征，即作为操作目标的短期利率并非在当期就准确调整至其目标值，而是需要持续几期（季度）才能渐进地调整至其目标值。Clarida 等（2000）对美联储政策规则的估计显示，短期利率每季度的调整幅度仅占上期利率与目标值之差的10%～30%。这就意味着直接将现实联邦基金利率作为泰勒规则左手侧的短期利率调整目标可能会产生参数估计的偏误，为了修正这一点，后续许多文献探究了现实短期利率向目标值平滑调整的原因和影响，绝大多数关于泰勒规则的实证研究也都考虑了利率平滑因素。

关于利率局部调整的原因，主流文献认为是政策制定者主动平滑利率的行为，代表性研究如 Woodford（1999）。该研究认为，政策制定者通过平滑利率的方式引导经济中的主体在形成预期时关注央行的稳定化目标，从而达到平抑产出和价格波动的目的。Amato 和 Laubach（1999）假设私人部门做决策时同时考虑预期的政策变动，则序列相关的利率变动就可以对消费者和企业的行为造成更显著的影响。Sack（2000）、Levin等（1999）以及Sack和Wieland（2000）等研究也得出了相似的结论。Rudebusch（2002）提出了不同的观点。他指出，如果对利率的平滑调整（或货币政策惯性）是政策制定者的行为，则利率在初次调整后接下来一段时间内应当具有可预测性，这种可预测性应当反映在利率期限结构中，然而利率期限结构事实上却并未体现这一点。Rudebusch进而认为，利率渐进调整的来源并非政策制定者主动平滑的行为，而是货币政策冲击的序列相关性。

对利率平滑的泰勒规则进行建模的文献一般假设除了通胀率和产出缺口外，政策制定者还要考虑滞后一期或多期的短期利率。但滞后期利率进入规则的方式不尽相同。Orphanides（2001）将当期的实际利率设定为上一期利率与当期目标利率的线性组合。Clarida等（2000）给出了含有滞后多期利率的一般模型，其具体设定是：

$$i_t = \rho(L)i_{t-1} + (1-\rho)i_t^* \tag{3-47}$$

其中，$\rho(L) = \rho_1 + \rho_2 L + \cdots + \rho_n L^{n-1}$，$L$是滞后算子，$\rho \equiv \rho(1)$。$\rho$可以理解为美联储对利率的平滑调整程度，$\rho$越大则利率越平滑。

考虑利率的平滑调整能够有效提升政策规则估计的准确性。Orphanides（2001）分别基于当期型规则和前瞻型规则拟合了1987—1992年美联储的货币政策，结果如图3-11所示。其中，(a)图是隐含的利率目标的估计结果，(b)图是考虑对利率的平滑调整后的估计结果。不难看出，美联储的利率目标与当期的现实联邦基金利率有显著的差异，而考虑对利率的平滑调整后的规则能较为准确地拟合现实中的利率走势。事实上，在当期型规则和前瞻型规则中，平滑系数ρ的估计值分别为0.83和0.66，说明美联储的货币政策执行中的确存在较强的利率平滑倾向。

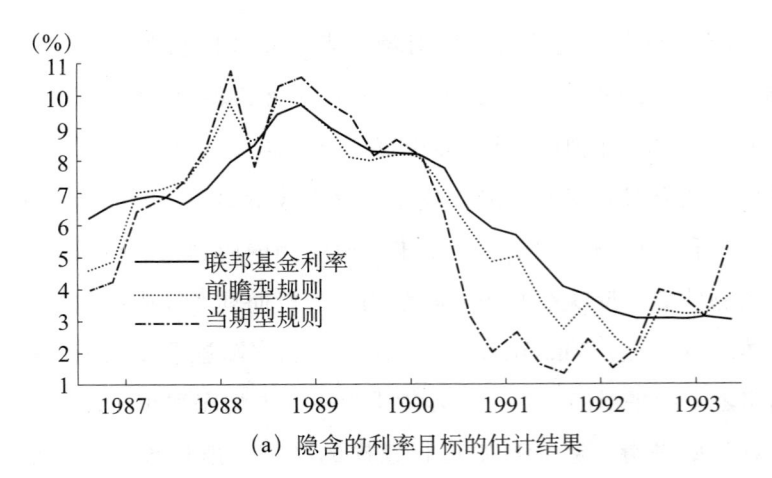

(a) 隐含的利率目标的估计结果

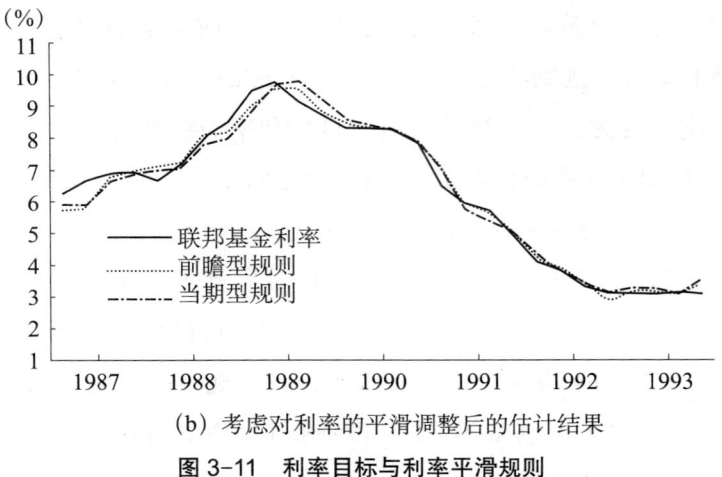

(b) 考虑对利率的平滑调整后的估计结果

图 3-11　利率目标与利率平滑规则

资料来源：Orphanides（2001）.

3. 左手侧操作目标变量的选取

原始泰勒规则及其大多数扩展形式均以短期名义利率为左手侧变量，这一设定与20世纪90年代以来世界上各央行在货币政策操作目标选取方面的实践密不可分。自从1993年7月时任美联储主席艾伦·格林斯潘宣布采用联邦基金利率作为货币政策操作目标以来，以美联储为代表的世界上大部分央行均不约而同地以货币市场隔夜利率作为反映其货币政策立场的核心变量。在世界上各央行的操作目标趋于统一的背景下，货币政策规则的左手侧变量选取几乎没有争议。

这种情形随着2008年金融危机的爆发发生了变化。为了缓解金融危机引起的货币市场的流动性短缺并加速国民经济从危机中的复苏，美联储将联邦基金利率的目标区间降至0～0.25%，联邦基金有效利率随之降至零下限附近。与此同时，美联储还在2008—2014年期间先后实施了四轮量化宽松政策，通过大规模购买国债和私人债券等证券缓解金融机构资产负债表约束，降低信用利差和长期利率。后金融危机时期美联储"零利率＋量化宽松"的政策组合持续了7年之久。从图3-12中可以观测到该时期联邦基金利率的持续低水平以及美联储资产负债表规模的快速扩张。虽然美联储曾于2015年末开启货币政策正常化进程，缩减资产负债表规模并一度将联邦基金利率提高至2%以上，但是2020年新冠疫情的暴发驱使美联储再次将联邦基金利率降至零下限，并推出了"无限量"量化宽松政策。

图3-12 零利率下限约束下的资产负债表政策

资料来源：美联储圣路易斯分行．

当货币市场隔夜利率接近零下限时，中央银行无法以降低隔夜利率的方式进一步实施宽松政策，基于短期利率的传统泰勒规则也就不再适合用来刻画中央银行的政策调控机制。由于量化宽松等资产负债表政策往往被用作短期利率达到零下限时进一步实施宽松政策的手段，不少研究提出在零利率下限时期基于央行资产变量构建货币政策规则。如 Sims 和 Wu（2021）主张这样描述量化宽松政策的泰勒规则：

$$b_{cb,t} = (1-\rho)b_{cb}^* + \rho b_{cb,t-1} + (1-\rho)(\phi_\pi \pi_t + \phi_y \hat{y}_t) \quad (3\text{-}48)$$

规则方程的左手侧变量 $b_{cb,t}$ 是央行持有的政府债券价值，b_{cb}^* 是央行持有政府债券价值的目标水平或均衡水平。π_t 和 $\hat{y}_t$ 分别表示通胀率和真实总产出偏离目标水平或潜在水平的百分比，且二者具有负的系数，即央行在通胀率和真实产出低于目标水平时扩张资产负债表规模，反之则收缩。

与大多数成熟市场国家的货币当局不同，无论是面临金融危机还是新冠疫情冲击，中国人民银行均坚持了正常的货币政策取向，没有大量增发货币或将利率降至零下限。但是，中国人民银行的货币政策调控机制也难以用原始泰勒规则准确刻画。我国货币政策调控体系的一大特点在于长期以数量型变量为主要操作目标和中间目标，但近年来我国货币政策框架稳步向价格型变量转型，货币市场和债券市场利率已经实现市场化定价。贷款利率以贷款市场报价利率（LPR）作为定价基准。中国人民银行明确提出通过中期借贷便利（MLF）操作利率引导货币市场利率和 LPR 定价，并建议将利率指标作为判断货币政策姿态的主要依据。① 不过，当前存款利率定价仍然受中国人民银行规定的存款基准利率的影响，且主要面向数量型操作目标和中间目标的法定存款准备金率等工具在我国货币政策实践中还运用得比较频繁。因此，对我国货币政策规则的建模一般需要考虑规则方程左手侧

---

① 参见 2021 年第 4 季度《中国货币政策执行报告》专栏 1"银行体系流动性影响因素与央行流动性管理"。

的数量型操作目标变量。如王曦等（2017）和卞志村等（2019）主张采用类似如下形式的混合型货币政策规则：

$$\gamma i_t + (1-\gamma)g_t = \left[\gamma\phi_\pi^r + (1-\gamma)\phi_\pi^m\right]\pi_t + \left[\gamma\phi_y^r + (1-\gamma)\phi_y^m\right]\hat{y}_t \quad (3-49)$$

其中，g_t 表示 M2 供应量的增长率，γ 表示利率变量在货币政策操作目标中的权重。Li 和 Liu（2017）还将混合泰勒规则写成了如下形式：

$$i_t = \phi_\pi \pi_t + \phi_y \hat{y}_t + \phi_m(g_t - g^*) \quad (3-50)$$

其中，g^* 是 M2 供应量增长率的目标值。容易看出，将式（3-49）中左手侧的 M2 增长率变量移至等式右手侧并做适当变形就能得到式（3-50），因而这两种形式的混合泰勒规则是等价的。

（四）我国货币政策调控机制的特征

之前的章节曾经提到，简单的原始泰勒规则难以准确刻画中国人民银行的货币政策调控机制。刻画我国的货币政策规则，需要着重考虑数量型操作目标变量，或者至少将数量型目标和价格型目标同时纳入考虑。然而，中国货币政策调控机制的独特之处远不止于此。本小节以张成思和田涵晖（2020）以及 Chen 等（2018）的两篇文献为基础，重点介绍我国货币政策调控机制的两项特征：对结构性分化的通胀指标的非对称反应，以及对产出变量的"促增长"反应。

1. 通货膨胀结构性分化与货币政策调控机制

通货膨胀率是货币政策规则的右手侧变量之一，反映了货币政策的最终目标——价格稳定。通胀率的度量指标十分丰富，消费者价格指数通胀率、生产者价格指数通胀率、GDP 平减指数通胀率、核心通胀率甚至资产价格变化率都刻画了价格稳定目标的不同侧面。中央银行对价格稳定目标的解读和实现路径是货币政策调控机制的重要内容，相关内容具体表现为中国人民银行在实践中针对哪种或哪几种通胀指标进行货币政策调控。这一问题可以通过构建并估计货币政策规则方程来回答。

消费者价格指数（CPI）通胀率是最重要的基础性通胀率指标，反映了消费品价格的变化情况。CPI通胀率是各国货币政策调控中普遍关注的通胀指标。采用通货膨胀目标制的国家（如新西兰等）多以CPI通胀率为钉住目标。从CPI通胀率出发至少可以对通货膨胀的概念进行内部细化和外部延伸两个方向的拓展。CPI通胀率的内部细化即考察不同类别消费品的价格变化。当前我国CPI内部划分为食品烟酒、衣着、医疗保健、生活用品及服务、教育文化和娱乐、居住、交通和通信以及其他用品和服务8个大类，大类之下又进一步细分出268个小类。各类别分项CPI指标对货币政策调控的意义并不等同。CPI通胀率的外部延伸则是将通胀的概念延展到非消费维度。前任中国人民银行行长周小川（2020）提出，作为货币政策的反馈变量，通货膨胀指标可从更综合、更丰富的角度进行考虑。例如可以关注全口径最终产品的价格变化，即GDP平减指数通胀率，也可以将房地产等资产的价格变化纳入考虑，丰富货币政策决策信息集。

本小节通过对我国货币政策调控机制特征的刻画，重点对比两组具体的通胀指标。第一组是食品类通胀率（FCPI通胀率）和非食品类通胀率（NFCPI通胀率），二者分别对应CPI中波动性较大的成分和较为平稳的成分，即"核心"和"非核心"成分。不仅如此，食品在我国居民消费中还具有特殊地位。自最近一次（2016年）CPI构成修订以来，食品烟酒类在我国CPI篮子中的占比为30%。作为对比，美国CPI篮子中食品和饮料类占比仅为15.5%，约为中国的一半。[①] 就发展中国家通胀目标问题进行讨论的文献也大多强调食品和非食品的区分（如Walsh，2011；Anand等，2015）。

---

① 中国CPI权重数据由作者通过约束最小二乘法估计得到（2016年1月—2019年8月），美国CPI权重数据来源于美国劳工部。

进行对比的第二组通胀指标是 CPI 通胀率和非消费类通胀率（NCPI 通胀率），二者分别反映了最终产品中消费品和非消费品的价格演进路径。根据定义，CPI 通胀率考察的是消费品价格变动，而非消费类通胀率反映的是投资品、政府支出和外贸品等非消费品价格的变动。虽然我国官方并不直接公布"非消费"价格指数，但可通过 CPI 通胀率和 GDP 平减指数通胀率的关系来推算它：

$$\pi^{DEF} = \omega^{CPI}\pi^{CPI} + \omega^{NCPI}\pi^{NCPI} \quad\quad (3-51)$$

其中，π^{DEF} 指 GDP 平减指数通胀率，ω^{CPI} 和 ω^{NCPI} 分别为居民消费和居民消费以外的部分在 GDP 中的占比；通过国家统计局公布的名义 GDP 和真实 GDP 季度数据可以计算 GDP 平减指数，进而计算 GDP 平减指数通胀率。国家统计局还公布了 GDP 组成结构的年度数据，假设每年消费与非消费在 GDP 中的占比恒定，就可以利用以上关系推算出各季度的非消费类通胀率。

图 3-13 对比了我国 2001—2019 年间食品类通胀率和非食品类通胀率的走势。在全部 224 个观测值中，食品类通胀率与非食品类通胀率较前一期变化方向相反的观测值占到一半（112 个）。食品价格的波动几乎完全主导了消费品价格水平的波动。近 20 年来的三次物价大幅波动（2003—2005 年、2006—2009 年和 2019—2021 年）全部是由食品价格的波动带动的，而同一时期内非食品类商品的价格则保持平稳或小幅波动。例如，食品类通胀率从 2006 年 7 月的 0.6% 上升至 2007 年 2 月的 23.3%，又在接下来的一年中从峰值跌落至 −1.9%，波动幅度达 25.2 个百分点；而在同一时期非食品类通胀率的波动幅度仅有 3.3 个百分点，且一直低于食品类通胀率。事实上，非食品类通胀率除个别时期（如 2001—2002 年、2017—2018 年）接近或高于食品类通胀率外，在绝大多数时期均低于后者，且在 1% 附近小幅波动。上述对比暗示着，我国近 20 年来 CPI 中"核心"和"非核心"因素

的走势发生了分化，且具有明显的结构性特征。

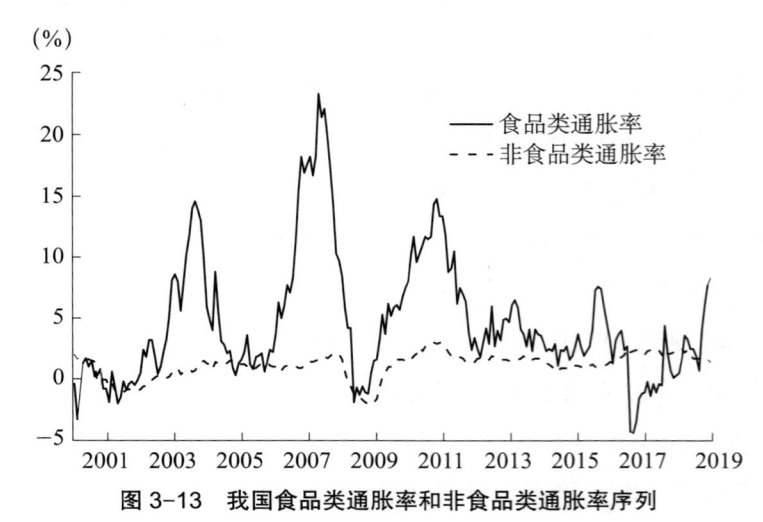

图 3-13 我国食品类通胀率和非食品类通胀率序列

说明：原始数据来源于国家统计局，样本区间为 2001 年 1 月—2019 年 8 月。

正如 Walsh（2011）所指出的，我国食品类通胀率和非食品类通胀率的对比符合发展中国家的一贯特征，即食品类通胀率不仅具有更高的波动性，而且其均值在中长期也持续高于非食品类通胀率。上述特征对于发达国家则并不成立。以发达国家中具有代表性的美国为例，图 3-14 对比了 1958 年 1 月至 2019 年 8 月美国食品类通胀率和非食品类通胀率。食品类通胀率在整个样本期间均未表现出持续高于非食品类通胀率的特征，甚至近 40 年来波动性也低于后者。这说明美国的情况与中国不同，不适合用非食品类通胀率来代表核心通胀率。以上对比说明：我国消费领域通货膨胀的结构性分化是我国经济发展过程中的阶段性特征，而非普遍规律。

图 3-15 刻画了我国 CPI 通胀率和非消费类通胀率序列在 2001 年第 1 季度至 2019 年第 2 季度的走势对比。可以看出，在 2013 年以前，虽然非消费类通胀率与 CPI 通胀率的运动方向基本一致，但前者在水平值上基本上一直高于后者，这种水平上的持续差异在其他国家

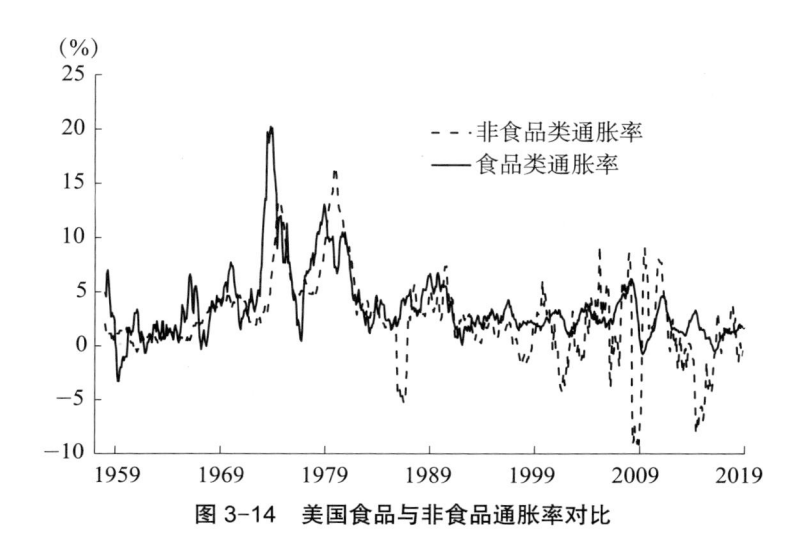

图 3-14　美国食品与非食品通胀率对比

说明：原始数据来源于美国劳工部，样本区间为1958年1月—2019年8月。

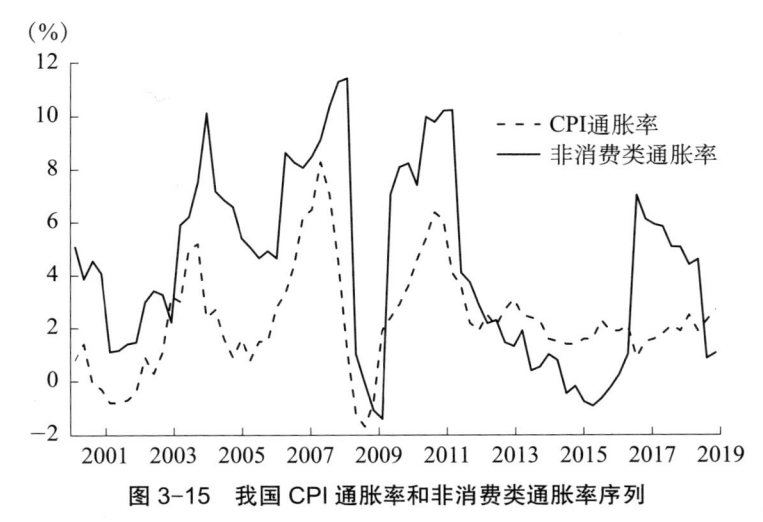

图 3-15　我国CPI通胀率和非消费类通胀率序列

说明：原始数据来源于国家统计局，样本区间为2001年第1季度—2019年第2季度。

并不多见（张成思，2011）。在此之后，二者的运动方向出现了明显的区别：CPI通胀率趋于平稳，在2%附近小幅震荡，而非消费类通胀率虽然也有所平抑，但仍存在显著波动。例如，2015年第4季度至

2017年第1季度，非消费类通胀率在一年内经历了从 −0.9% 到 7.1% 的快速上涨，然而同一时期的 CPI 通胀率却下降了 0.7 个百分点；在接下来的两年内，非消费类通胀率逐步回落至 0.9%，而 CPI 通胀率却从 0.9% 上升至 2.3%。无论是早期二者在水平值上的持续分化，还是近期在走势上的背离，均反映出我国消费领域与非消费领域通胀率也出现了明显的结构性分化特征。

根据以上对比，不难发现各种通胀指标之间的走势并不完全相同，有的甚至差异很大，体现出了明显的分化特征。这种分化特征并非短期冲击带来的暂时性差异，而是长周期内的结构性分化。特别地，我们将我国近 20 年来通货膨胀的结构性分化特征划分为两个层次：第一个层次是消费领域内部的分化，表现为食品类通胀率和非食品类通胀率走势的明显反差；第二个层次是消费领域和非消费领域之间的分化，表现为 CPI 通胀率和非消费类通胀率早年间在水平值上的差异和近年来的走势背离。

在以上对比分析的基础上，可以通过设立并估计货币政策规则方程来探究货币政策对出现结构性分化的通胀指标的调控机制。具体地，设定如下前瞻型货币政策规则方程：

$$\mathrm{MP}_t = c + \rho \mathrm{MP}_{t-1} + \beta E_t(\pi_{t+1}) + \gamma y_t + u_t \quad (3\text{-}52)$$

其中，MP_t 表示货币政策中间目标，即价格型目标银行间同业拆借利率（CHIBOR）和数量型目标 M2 同比增长率（M2GR）二者之一。货币政策中间目标对通胀预期 $E_t(\pi_{t+1})$ 和产出变量 y_t 做出反应，通胀变量为食品类通胀率、非食品类通胀率、CPI 通胀率或非消费类通胀率四者之一，产出变量为真实 GDP 缺口。u_t 代表货币政策冲击。假设经济主体具有理性预期，则上式可以进一步写成：

$$\mathrm{MP}_t = c + \rho \mathrm{MP}_{t-1} + \beta \pi_{t+1} + \gamma y_t + \varepsilon_t \quad (3\text{-}53)$$

其中，ε_t 是复合扰动项，包含货币政策冲击和预测误差。采用广义矩方法（GMM）估计货币政策反应方程的结果报告在表 3-7 和表 3-8 中，工具变量集包括价格型目标和数量型目标、方程对应的具有结构性分化特征的两种通胀变量（两种组合：食品类通胀率和非食品类通胀率、CPI 通胀率和非消费类通胀率）以及真实 GDP 缺口的 1～4 阶滞后项。

表3-7 货币政策规则方程估计（食品类通胀率与非食品类通胀率）

	CHIBOR		M2 增长率	
	食品类通胀率 (1)	非食品类通胀率 (2)	食品类通胀率 (3)	非食品类通胀率 (4)
ρ	0.481***	0.362***	0.799***	0.736***
	(0.064)	(0.053)	(0.033)	(0.033)
β	0.019	0.306***	−0.143***	−0.980***
	(0.014)	(0.051)	(0.030)	(0.208)
γ	0.297**	0.313***	−0.175	−0.229**
	(0.133)	(0.069)	(0.160)	(0.115)
c	1.332***	1.397***	0.748***	1.144***
	(0.316)	(0.137)	(0.245)	(0.396)

说明：括号内报告的是异方差自相关（HAC）稳健标准误。方程采用 GMM 估计。*、**、*** 分别表示统计量在 10%、5% 和 1% 的显著性水平下显著。

表 3-7 报告了货币政策对食品类通胀率和非食品类通胀率的反应机制的估计结果。价格型规则中通胀反应系数的符号均为正，数量型规则中通胀反应系数的符号均为负，呈现出明显的逆周期调节特点。价格型中间目标仅对非食品类通胀率做出显著反应，对食品类通胀率反应不显著。尽管数量型目标对两类通胀率的反应系数估计值均具有统计显著性，但是对非食品类通胀率的反应程度为食品类通胀率的数倍。估计结果总体显示：中国人民银行对较为平稳的非食品类（核心）通胀率的关注程度远高于波动性大且水平较高的食品类（非核心）通胀率。

表3-8　货币政策反应方程估计（CPI通胀率与非消费类通胀率）

	CHIBOR		M2 增长率	
	CPI 通胀率 (1)	非消费类通胀率 (2)	CPI 通胀率 (3)	非消费类通胀率 (4)
ρ	0.495***	0.489***	0.783***	0.744***
	(0.047)	(0.059)	(0.034)	(0.086)
β	0.103***	0.001	−0.533***	−0.221***
	(0.026)	(0.015)	(0.097)	(0.056)
γ	0.168***	0.268***	−0.073	−0.255*
	(0.037)	(0.097)	(0.136)	(0.152)
c	1.120***	1.405***	1.334***	0.950***
	(0.168)	(0.297)	(0.312)	(0.311)

说明：同表 3-7。

表 3-8 报告的是货币政策对 CPI 通胀率和非消费类通胀率的反应机制的估计结果。采用价格型目标和数量型目标得到的结果具有一定差异：在价格型目标的设定下，CHIBOR 对 CPI 通胀率反应显著，对非消费类通胀率的反应系数很小且不显著；在数量型目标的设定下，M2 增长率对二者均显著反应，但对 CPI 通胀率的反应程度更大。这一结果显示：价格型目标仅关注 CPI 通胀率，数量型目标同时关注 CPI 通胀率和非消费类通胀率。

总体来看，在对 CPI 进行内部细化后可以发现，只有非食品类商品价格稳定是货币政策价格稳定的最终目标的一部分，食品价格的稳定并非货币政策的着力点。我国货币政策对消费领域通胀率的反应模式与以 Aoki（2001）为代表的早期文献的主张相符。正如典型事实部分所强调的，非食品类通胀率反映的是通胀中价格黏性高、波动性低的成分，亦即"黏性价格部门"。央行仅考虑黏性价格部门通胀率，可能是出于两方面的原因：第一，食品和能源等非核心成分价格受供给冲击的影响较大,如气候、自然灾害、瘟疫等因素都会影响食品的原材料供给,进而推高食品类通胀率,而货币政策难以从根本上解决供给冲击问题;第二,货币政策的生效存在时滞,如果货币政策钉住低黏性部门通胀率,那么待政策生效时,影响低黏性部门通胀率的因素可能已经消失甚至反转,造成货币政策效果扭曲。

将 CPI 通胀率拓展到非消费领域可以发现,鉴于数量型目标和价格型目标均被实际运用,因而 CPI 通胀率和非消费类通胀率都是价格稳定目标的一部分。数量型目标对非消费类通胀率的显著反应可能是由贷款类工具在我国货币政策工具体系中的重要地位造成的。例如,根据中国人民银行公布的数据,2019 年第 2 季度贷款类工具总额达到 4.64 万亿元人民币,包括再贴现、再贷款、常备借贷便利和抵押补充贷款(PSL)四类,占基础货币总额的 15.5%。除常备借贷便利和再贴现期限较短外,其他两种贷款类工具均具有中长期信贷支持政策的色彩,占贷款类工具总量的 90.2%。再贷款包括支农再贷款、支小再贷款和扶贫再贷款三类,PSL 是支持国民经济重点领域、薄弱环节和社会事业发展而向金融机构提供的期限较长的大额融资。非消费类通胀率的一个重要成分是生产价格,不难看出,上述贷款类工具大多直接面向特定的生产领域投放,影响生产价格,进而体现为广义货币总量对非消费类价格的显著反应。

2. "促增长"货币政策与非对称调控

在泰勒规则中,货币政策对产出缺口的反应系数为正值,这意味着央行针对产出进行对称的逆周期调整:当实际产出高于潜在产出时,采取紧缩型货币政策;反之,则采取扩张型货币政策。泰勒规则对产出缺口的反应模式蕴含的是产出稳定的最终目标,即将实际产出稳定在潜在产出水平附近。然而,《中国人民银行法》关于产出目标的表述为"促进经济增长",这注定了产出缺口并不适合作为中国人民银行的货币政策反应方程中的产出变量。一方面,"经济增长"本质上要求的是"可持续的经济增长",也就是潜在产出水平的增长,而非片面追求实际产出暂时性地高于潜在产出水平。从概念出发不难发现,产出缺口并不包含关于潜在产出水平的信息,真实 GDP 增长率可能是更适合用来衡量经济增长情况的指标。另一方面,"促进经济增长"的表述明确要求货币政策在经济增长水平较低时采取刺激措施,但并未明示经济增长率是否越高越好,即货币政策是否应当针对经济过热做出反应。因此,货币政策对产出增长率的反应还可能存在非对称特征。

Chen 等(2018)注意到了中国人民银行独特的"促增长"特征。他们进一步指出,每一年度国务院均会公布当年的真实 GDP 增长率目标,这一目标构成了货币政策经济增长目标的下限。中国人民银行货币政策委员会于上季度末或本季度初召开会议决定本季度的货币政策操作。如果上季度真实 GDP 增长率低于目标值,则中国人民银行很可能会采取扩张型货币政策以刺激经济增长;反之,如果真实经济增长率达到或高于目标值,同时通胀率不过高,则中国人民银行可能并不会收紧货币政策。基于以上猜想,Chen 等(2018)构建了如下"促增长"货币政策规则方程:

$$g_{m,t} = \gamma_0 + \gamma_m g_{m,t-1} + \gamma_\pi (\pi_{t-1} - \pi^*) + \gamma_{x,t}(g_{x,t-1} - g_{x,t-1}^*) + \varepsilon_{m,t} \quad (3-54)$$

其中,$g_{m,t}$ 表示 M2 同比增长率,π_{t-1} 和 $g_{x,t-1}$ 分别表示上季度的 CPI 通胀率和真实 GDP 增长率。$g_{x,t}^*$ 是国务院公布的年度经济增长率目标,π^* 是通胀率目标,设定为 3.75%。$g_{m,t-1}$ 捕捉了货币政策的平滑性特征。$\varepsilon_{m,t}$ 表示货币政策冲击。γ_m 是货币政策的平滑系数,γ_π 和 $\gamma_{x,t}$ 分别代表中间目标对通胀率和真实 GDP 增长率的反应系数。其中 $\gamma_{x,t}$ 是时变的,根据上季度真实 GDP 增长率是否达到目标取不同值:

$$\gamma_{x,t} = \begin{cases} \gamma_{x,a}, & \text{如果 } g_{x,t-1} - g_{x,t-1}^* \geq 0 \\ \gamma_{x,b}, & \text{如果 } g_{x,t-1} - g_{x,t-1}^* < 0 \end{cases} \quad (3-55)$$

表3-9汇报了"促增长"货币政策反应方程的估计结果，样本区间为2000年第1季度至2016年第2季度。从表中数据可知，货币政策中间目标表现出显著的平滑性，对通货膨胀进行逆周期调控。$\gamma_{x,a}$和$\gamma_{x,b}$的估计值呈现出明显的异质性特征。如果上季度真实GDP增长率未达到目标，则货币政策进行显著的逆周期调控：经济增长率每低于目标1个百分点，M2增长率便提高1.299个百分点。如果上季度经济增长率已经达到或超过目标，则中国人民银行实施的是适应性的顺周期货币政策，但在程度上较为审慎：经济增长率每提高1个百分点，M2增长率随之提高0.183个百分点。从货币政策反应方程的估计结果来看，中国人民银行在货币政策实践中明确贯彻了"促进经济增长"的最终目标要求，M2增长率基于经济增长的调整一直是扩张性的：在经济增长率低于目标时进行大力度刺激，高于目标时进行适度的顺周期调整。

表3-9 "促增长"货币政策反应方程的估计结果

系数	估计值	标准误	p值
γ_m	0.391	0.101	0.000
γ_π	−0.397	0.121	0.001
$\gamma_{x,a}$	0.183	0.060	0.002
$\gamma_{x,b}$	−1.299	0.499	0.009

资料来源：Chen等（2018）.

第四章
货币政策工具体系建设

货币政策最终目标的实现需要借助中间目标和操作目标作为桥梁，而操作目标和中间目标的实现则需要央行直接运用货币政策工具进行调控。因此，货币政策工具是实施货币政策的起点，货币政策工具体系建设是现代货币政策调控体系建设的关键内容。

从现代中央银行业务来看，货币政策工具主要包括四种：一是存款准备金工具，二是贴现贷款工具，三是公开市场操作，四是利率工具。这四种工具被世界各国中央银行普遍使用，尽管不同国家的具体名称可能有所不同，但是本质上大同小异，都属于常规货币政策工具。在常规货币政策工具中，存款准备金工具和贴现贷款工具侧重于调节货币总量，属于数量型工具；公开市场操作和利率工具侧重于调节货币价格，属于价格型工具。另外，自2008年金融危机以来，为了克服零利率下限对常规货币政策工具的限制，以量化宽松、前瞻性指引为代表的非常规货币政策工具开始兴起，各个经济体的央行还创设了结构型货币政策工具。本章将非常规货币政策工具与结构型货币政策工具归为创新型工具。

以下的小节将结合国内外央行货币政策工具的使用情况，分别对数量型工具体系、价格型工具体系和创新型工具体系的建设内涵、业务开展、政策效果和政策建议进行详尽的阐释，然后综合三大体系分析央行选择货币政策工具的依据与标准。

一、数量型工具体系

（一）建设数量型工具体系的内涵

货币政策工具可分为数量型工具和价格型工具，其划分依据不在于货币政策工具自身属于数量型工具还是价格型工具，而在于其对应的货币政策操作目标和中间目标的类型。数量型工具主要用于调整以广义货币 M2 为代表的数量型货币政策中间目标，因此存款准备金工具、贴现贷款工具属于数量型工具。

数量型工具的一个重要理论基础是弗里德曼（Friedman，1956）提出的现代货币数量论。弗里德曼认为，货币数量论是关于货币需求的理论，因此他构建了一个货币需求函数，用永久性收入、非工资收入占比、各资产预期收益率、偏好等变量来表示实际货币需求量（名义货币需求量/价格水平）。弗里德曼认为，货币需求函数是一个稳定的函数，因此货币供应量的变化会对宏观经济造成显著的影响。具体来说，货币供应量的增长会引起价格水平的增长，实际货币供应量的增长则会引起产出的增长。弗里德曼有一句名言，即"通货膨胀归根结底是一种货币现象"，因此，如果要维持通胀率稳定，那么央行应控制货币供应量，维持货币供应量以固定速率增长，即服从单一规则。根据现代货币数量论，央行可以通过控制货币供应量来调节经济，因此，用于调整货币供应量的数量型工具就显得尤其重要。

从 20 世纪 70 年代起，各国央行开始将货币供应量纳入中间目标。在 1979—1982 年沃尔克出任美联储主席时，美联储甚至放弃了对利率的管控，严格控制货币供应量增长率，有力地改善了当时经济滞胀的现象。不过，随着金融创新的发展、经济全球化带来的国际资本流动，货币供应量的可测性、可控性的下降以及和经济增长、通货膨胀的相关性的逐渐减弱，以货币供应量为中间目标的货币政策框架变得不再可靠。如今，发达经济体央行已普遍摒弃了数量型货币政策中间目标，对数量型工具的运用也逐渐减少，美国、加拿大、澳大利亚等国的央行已不再使用存款准备金率工具。不少研究也认为，货币供应量已不宜作为我国货币政策的中间目标（夏斌和廖强，2001；杨英杰，2002；江曙霞等，2008；Zhang，2009）。在这样的背景下，为何还要研究建设数量型工具体系？至少有以下三方面的原因：

第一，我国的货币政策具有量价并存的特征。尽管货币供应量的可测性、可控性下降且与最终目标的相关性逐渐减弱，价格型指标的中间目标功能不断增强，但价格型指标仍受到利率市场化程度、利率传导渠道的通畅程度的约束，单一的数量型调控或者价格型调控都不足以概括我国的货币政策操作框架。一些对我国货币政策的反应机制进行研究的文献，比如Xiong（2012）、Sun（2015）、张成思和田涵晖（2020）也考虑到了我国货币政策量价并存的特征。

第二，对数量型工具的创新能够丰富其运用场景，提升其政策效果。以存款准备金为例，中国人民银行在2004年实施了差别准备金率制度，于2011年引入了差别准备金动态调整机制，2014年以来频繁实施定向降准，并在2019年构建了"三档两优"存款准备金新框架，不仅实现了存款准备金工具的结构化应用，而且发挥了存款准备金工具的宏观审慎管理作用。

第三，2008年金融危机后发达经济体普遍遭受的零利率下限使我国意识到，短期利率不应该成为央行唯一的操作目标，数量型工具是在价格型工具受到有效下限的约束后极其有用的选择。即便是出于防患于未然的考虑，我们也应该研究数量型工具体系建设，通过量价协调来实现货币政策最终目标。

（二）存款准备金工具

1. 存款准备金制度的起源与发展

存款准备金制度是中央银行实施货币政策的"三大法宝"之一。因为大多数国家的超额存款准备金由商业银行自主决定，所以存款准备金工具主要指的是法定存款准备金率，有时也简称存准率。法定存款准备金率是指中央银行按法律规定要求商业银行对其各类存款以及其他特定负债缴存准备金的比率。

存款准备金最早出现在 19 世纪 30 年代美国的纽约和新英格兰地区。在没有国家货币的情况下，银行发行的票据被作为交易媒介。但是由于银行票据的赎回成本较高，以及关于发行者偿付能力的信息有限，所以单家银行发行的票据仅能在一个较小的区域内使用。为了增强票据的流动性，纽约和新英格兰地区的银行率先在其账户上保留足够的储备作为担保，这便是存款准备金的早期形态。在此之后，一些州也建立了自己的存款准备金制度。到了 1863 年，《国家银行法案》（National Bank Act）的通过意味着美国成为第一个正式实施存款准备金制度的国家（Feinman，1993）。

存款准备金制度最初是为了保证存款的支付和清算而创设的，后来才发展成为一种货币政策工具。中央银行对存款准备金率的调整直接影响了金融机构的信贷能力，进而间接影响了货币供应量。当央行下调存款准备金率时，金融机构的超额准备金增多，信贷投放的上限提高，货币供应量就相应增加了；当央行上调存款准备金率时，金融机构需要补足法定存款准备金，信贷投放的上限下降，货币供应量就相应减少了。存款准备金演变为货币政策工具正是源于其对金融机构信贷投放的影响力。

2. 我国存款准备金制度的演变

中国人民银行于 1984 年开始履行中央银行职能,建立了存款准备金制度。与西方国家不同的是,我国将存款准备金分为两个账户,分别是法定存款准备金账户和备付金账户。其中,备付金账户可用于支付和清算,而法定存款准备金账户不可以。我国最初实行的是结构性法定存款准备金率,且存款准备金率较高,企业存款为 20%,城镇储蓄存款为 40%,农村存款为 25%。1985 年,我国结构性法定存款准备金率改为统一的法定存款准备金率,并降为 10%。1987 年和 1988 年,我国存款准备金率又分别上调至 12% 和 13%,并在此后 10 年保持在 13% 的水平。1989 年,中国人民银行还对各行规定了备付金水平要求(5%~7%),实际法定存款准备金率达到 20% 左右。央行建立存款准备金制度并非为了进行货币政策调控,而是为了集中银行资金和调控信贷总量目标,因此对存款准备金率的调整并不频繁,这也是我国实际存款准备金率较高的原因。

1998 年,我国取消了贷款规模控制,将货币供应量纳入中间目标,开始从货币政策直接调控向间接调控转型。为了配合货币政策调控机制的转型,我国也对存款准备金制度进行了重大改革,将法定准备金账户和备付金账户合并为存款准备金账户,法定存款准备金率从 13% 下调到 8%。本次改革健全了存款准备金的支付清算功能(张晓慧,2018),存款准备金开始成为一项常规的工具参与货币政策调控。

存款准备金工具是货币政策调控中的一剂猛药,尽管它对宏观经济的影响速度较快,但是也存在效果粗放、灵活性较差等缺点。我国对存准率的调整虽然频率较高,但实际上相当谨慎,通常会配合其他货币政策工具的实施。比如在 2003 年后,由于贸易持续顺差,外汇大量涌入,货币供给增速通过外汇占款渠道加快,为了保持流动性合理适度，央行于2003年4月起开始发行央票以回收流动性。尽管如此，但在国际收支失衡不断加剧的大背景下，银行体系流动性偏多的矛盾并未得到根本缓解，在此背景下，中国人民银行有必要把存款准备金工具发展成为常规的、与公开市场操作相互配合的流动性管理工具（张晓慧，2018）。为应对外汇占款不断上升的压力，2003—2011年中国人民银行频繁上调存准率，有效降低了货币乘数，减缓了信贷扩张。随着国际收支趋向均衡和流动性过剩局面的根本改观，2011年底以来我国又逐步降低存准率，配合逆回购和MLF，主动释放流动性（李宏瑾，2020）。

除了与其他货币政策工具配合使用外，我国对存款准备金工具的不断创新也使它持续焕发活力。例如，2004年实施的差别准备金率制度将金融机构存款准备金率与资本充足率、资产质量等指标挂钩，限制了资本充足率较低、资产质量偏差的金融机构的信贷扩张，有效降低了金融领域系统性风险。2014年以来我国频繁的定向降准有利于定向畅通货币政策传导渠道，将资金传导至小微企业和"三农"等经济薄弱环节。我国对存款准备金工具的结构性优化提升了它的政策效果。

3. 对我国存款准备金工具的建议

通过对我国存款准备金制度演变的研究可以发现，结构性是我国存款准备金工具最重要、最关键的变化。针对我国存款准备金工具的结构性趋势，本章提出以下三个问题及建议：

第一，应该把握好结构性货币政策和总量性货币政策的边界。结构性货币政策工具虽然能向国民经济重点领域和薄弱环节提供一定支持，但是这也会弱化市场的资源配置作用，同时结构性货币政策也存在透明度不高、道德风险等问题。因此，要把握好结构性货币政策和总量性货币政策的边界，不可过于依赖结构性货币政策。

第二，应减少存款准备金制度中不必要的操作目标。仅定向降准一项工具，就包括支持实体经济发展、支持市场化法治化"债转股"和小微企业融资、支持普惠金融、支持"三农"等诸多操作目标，且这些操作目标并不具有一致性，操作目标之间可能存在冲突，会引起金融资源的配置效率下降。

第三，存款准备金制度的框架应该简单化、透明化，不应过于复杂。多数研究表明，央行与市场间的准确沟通能够提高货币政策的有效性（王少林和林建浩，2017；郭豫媚和周璇，2018；张成思和牟鹏飞，2018）。复杂的货币政策毫无疑问增加了央行沟通和市场理解的难度，无益于货币政策的实施。存款准备金工具就曾有复杂化的趋势，比如定向降准的实施曾将金融机构的存准率增至十几档。2019年5月6日，中国人民银行发布了"三档两优"存款准备金制度框架，简化了存准率档次，有利于社会各界加深对存款准备金制度的理解。这表明探索简洁的存款准备金制度框架是新的方向，央行应继续完善这一框架。

（三）贴现贷款工具

1. 我国贴现贷款工具的种类

贴现贷款也是央行重要的货币政策工具。贴现贷款的标准说法是贴现窗口政策（discount window policy），本质上就是中央银行向商业银行提供贷款。由于早期商业银行向央行申请贴现贷款需要通过央行开放的特定窗口办理，所以才得名"贴现窗口"。贴现贷款工具为商业银行提供了随时获得资金的机会，可以帮助存款机构有效地管理其流动性风险，同时，发放贴现贷款可以直接增加商业银行的存款准备金，从而增加基础货币以及商业银行的可贷资金。

中国人民银行的再贷款、再贴现、常备借贷便利，以及创新型的流动性支持工具中的抵押补充贷款、定向中期借贷便利（targeted medium-term lending facility，TMLF）都可以看成贴现贷款工具的不同版本，因为贴现贷款工具的本质就是中央银行贷款，并且其利率由中央银行决定。

再贷款是中国人民银行对金融机构的贷款，其产生具有历史原因，主要是早期商业银行的存款准备金率要求比较高，而债券市场和银行间市场不够发达，所以商业银行需要中央银行通过再贷款的形式提供流动性。中国人民银行通过调整再贷款的总量及利率来实现货币信贷总量调控目标，同时引导资金流向和信贷投向。

近年来，随着金融市场和现代化银行体系的发展，宏观调控方式由直接转向间接，再贷款所投放的基础货币占比逐渐下降。新增再贷款主要侧重于调整信贷结构，引导对县域和"三农"的信贷投放。

中国人民银行对金融机构持有的未到期商业汇票进行贴现，然后发放贷款的行为就是再贴现，因为商业银行用来贴现的票据实际上已经是再次被用来贴现获得贷款（第一次是银行对企业提供贴现贷款）。再贴现业务于1986年在上海等城市试行，目的是解决当时企业之间严重的货款拖欠问题。再贴现直至1995年末才成为中国人民银行货币政策工具体系的一部分，开始传递货币政策信号。

常备借贷便利于2013年设立，借鉴了其他国家的相关经验，比如美联储的贴现窗口、欧洲央行的边际贷款便利、英格兰银行的操作性常备便利等工具。常备借贷便利与公开市场操作的主要区别是：常备借贷便利由金融机构根据自身的流动性需求主动发起，且交易对手的覆盖面更广。常备借贷便利的主要功能是满足金融机构的大额流动性需求，期限通常为1～3个月。常备借贷便利以抵押方式发放，因此这种工具有点类似于央行向商业银行发放的抵押贷款。

2014年4月25日，中国人民银行创设了抵押补充贷款，其目的是解决国家开发银行棚户区改造的资金难题，为棚改提供长期稳定、成本较低的资金来源。之后抵押补充贷款不仅支持棚户区改造，还演变成中国人民银行为支持国民经济重点领域、薄弱环节和社会事业发展而向金融机构提供的期限较长、成本较低的大额融资，其对象扩大为国家开发银行、中国进出口银行和中国农业发展银行。抵押补充贷款的本质是中央银行的抵押贷款，也是中央银行投放基础货币的工具之一。

定向中期借贷便利是专门用于支持民营企业和小微企业的中期资金投放，期限短于3年，创设于2018年12月。这是央行首次正式将民营企业和小微企业与定向货币政策工具进行绑定，并进行严格的资金用途考核，确保投放资金用于民营企业和小微企业融资。

2. 美联储的贴现贷款工具及其与我国的差异

美联储的贴现贷款实质上是中央银行向商业银行发放的抵押贷款。美联储根据商业银行的资质、商业银行抵押证券的种类以及贴现贷款的期限决定贷款额度和利率。

美联储的贴现贷款分为三级，分别称为一级信贷（primary credit）、二级信贷（secondary credit）和季节性信贷（seasonal credit），贷款条件按照级别不同有所差异。一级信贷又称为常备信贷工具（standing credit facility），运营良好的商业银行可以向美联储申请任意额度的贴现贷款，但是贴现贷款利率要高于联邦基金目标利率50个基点（即0.5%）。不难看出，商业银行一般情况下不会选择贴现窗口的一级信贷，因为成本明显高于银行间市场。美联储设立一级信贷工具的目的主要是确保联邦基金的市场利率不会大幅高于设定的目标利率水平。

为了应对新冠疫情的严峻挑战，美联储于2020年3月16日决定将一级信贷利率降低150个基点至0.25%，以配合联邦基金目标利率区间下降100个基点，并消除一级信贷利率与联邦基金目标利率区间上沿之间50个基点的利差。此外，存款机构从贴现窗口借款的期限最长可达90天，而非以往的隔夜。

不满足一级信贷条件的商业银行可以选择二级信贷。二级信贷的利率比一级信贷高50个基点（即0.5%），期限也较短。一级信贷的用途没有限制，但是二级信贷不能够用来扩张商业银行的资产规模，只可以作为短期的备用资金来源，弥补较为严重的流动性缺口。

季节性信贷主要针对表现出季节性流动性压力的机构，比如说客户对象以农民、大学、旅游景区等为主的小型银行，通常不会面向存款达到5亿美元以上的机构。季节性信贷利率是浮动利率，等于联邦基金利率和3个月定期存单（CDs）利率的均值，并四舍五入到最近的5个基点。

以上三级贷款均需要以美联储接受的抵押品进行担保，包括但不限于国债、地方政府债券、公司债券、房地产贷款担保抵押债券（CMOs）、消费贷款、商业贷款和按揭贷款。

事实上，美联储的贴现利率在2003年之前并不是像现在这样明确要求高于市场利率，而是略低于联邦基金市场利率，因为此前美联储认为，商业银行通过贴现窗口借款除了要承担贴现利率的成本外，还要承担一些隐性成本，例如银行客户会把银行申请贴现贷款解读为这家银行财务状况有问题，进而导致银行的业务发展受到负面影响，而且申请贴现贷款意味着今后再次申请时被央行拒绝的概率更高。

在2003年之前，美联储对贴现贷款的申请设置了许多行政限制，希望商业银行只有在确实有需要时才申请贴现贷款，而不是为了获得贴现利率与市场利率之间的利差而申请贴现贷款。然而，银行到底是"真需要"还是为了获得"利差"，这个标准实在过于模糊。因此，美联储于2003年采取了英格兰银行等其他一些央行一直使用的伦巴①体系（Lombard System），其核心是央行设定的贴现利率要显著高于货

---

① 伦巴街是伦敦金融中心有名的大街，伦巴的名字来源于意大利的伦巴区，伦巴区是最早的银行的诞生地。

币市场利率，要把贴现贷款视为商业银行的一种权利而不是特权，也就是说，任何商业银行只要满足条件都可以申请贴现贷款，而且可以连续申请贴现贷款，中央银行通过设定更高的贴现利率就大大限制了商业银行利用贴现窗口政策工具进行套利。

我国与美联储的贴现贷款工具的差异主要在于工具的功能定位不同：美联储的贴现贷款工具主要发挥最后贷款人的功能，而我国的贴现贷款工具主要起着结构性调整流动性的作用。

二、价格型工具体系

（一）建设价格型工具体系的内涵

价格型工具是指主要用于调整以货币市场利率、中长期利率为代表的价格型中间目标的货币政策工具，是现代央行工具体系中极为重要的一部分。

20世纪80年代和90年代初，许多央行尤其是发达经济体央行开始不再设定货币增长目标，而是更加关注利率与通胀率、产出等最终目标的关系（Friedman和Kuttner，2010），货币政策调控方式由数量型转为价格型。以美联储为例，在1979—1982年对货币供给增速进行严格控制之后，美联储于1987年宣布不再将狭义货币M1作为调控目标，并在1993年宣布不再将货币供给作为中间目标，在此之后，美联储的货币政策中间目标一直为联邦基金利率。

学界也关注到了央行的这种转变，其中最著名的是Taylor，1993）中提出的泰勒规则。泰勒规则具有非常简洁的形式：

$$i_t = r^* + \pi_t + \beta(\pi_t - \pi^*) + \gamma x_t$$

其中，i_t是短期名义利率；π_t是同比通货膨胀率；x_t是真实GDP偏离目标值的百分比，即产出缺口；π^*是通货膨胀目标值；r^*是均衡短期实际利率。央行在通胀率和产出高于目标值时上调短期利率，低于目标值时下调短期利率。

Taylor（1993）认为，货币政策的最终目标应该包括经济增长和价格稳定，实际利率是一个能和这两个目标保持长期稳定关系的变量，因此，利率应对通货膨胀和产出缺口做出灵敏的反应。Taylor（1993）先验地将产出缺口和通胀率的系数均设为0.5，并将通货膨胀率目标值和均衡实际利率设为2%，发现这一规则能够较好地拟合1987—1992年的联邦基金利率走势。泰勒规则还衍生出许多变种，如引入利率平滑的泰勒规则（Amato 和 Laubach，1999；Sack 和 Wieland，2000）、前瞻型泰勒规则（Clarida 等，1998，2000）以及开放经济下的泰勒规则（Ball，1999；Taylor，2001）。

Blanchard 等（2010）认为，越来越多的央行将货币政策的调控方式从数量型转为价格型的背后蕴含着两个假设：其一是货币政策是通过利率和资产价格而非货币总量产生实际影响的；其二是所有利率和资产价格都可以通过套利联系在一起。在这两个假设下，央行只要通过影响当前短期利率水平及其预期，就可以相应地调控中长期利率及资产价格，价格型政策比数量型政策更加有效。

我国学界早有建议中国人民银行将货币政策调控由数量型转向价格型的呼声（夏斌和廖强，2001；杨英杰，2002；江曙霞等，2008；Zhang，2009）。随着金融产品的不断创新和金融科技的不断发展，不同层次货币的界限逐渐模糊，货币供应量作为中间目标的可测性、可控性及与最终目标的相关性都受到了挑战。在可测性上，我国 M2 的口径虽经过了多次调整（徐忠，2018），但要准确测量货币供应量仍存在难度，比如，互联网金融的发展就在一定程度上分流了部分银行存款，抑制了 M2 的增长，但这部分资金本质上也属于广义货币的范畴。在可控性上，中国人民银行能够直接控制的是基础货币，而基础货币和货币供应量之间要靠货币乘数来连接，但货币乘数并非中国人民银行能直接控制的，而且随着金融业管制的放松及大量作为支付手段的金融工具的出现，货币乘数越来越不稳定（夏斌和廖强，2001）。另外，中国货币供应量与最终目标的相关性也明显下降，而利率与最终目标的相关性上升了（Zhang，2009）。

中国人民银行也认识到了货币政策调控转型的必要性和迫切性，于是加快推进利率市场化建设：2007年，上海银行间同业拆放利率正式上线；2013年7月，金融机构贷款利率放开管制；2015年10月，存款利率放开管制。利率作为中间目标的作用在不断增强。在我国货币政策调控由数量型转为价格型的大背景及大趋势下，研究建设价格型货币政策工具有相当大的现实意义。接下来本章将论述中国人民银行货币政策调控转型期间对以公开市场操作、存贷款基准利率为主的价格型工具的运用，指出价格型工具运用中存在的问题，并提出相关建议。

（二）公开市场操作

1. 公开市场操作的内涵

公开市场操作起源于20世纪20年代，是在美联储系统纽约地区成员银行通过买卖债券调整其储备头寸时出现的（Willis，1970），现在指中央银行与其指定的一级交易商在公开市场进行证券买卖业务。一般来说，央行在这个市场上具有权威地位，可以要求一级交易商（例如主要商业银行）与其进行国债、银行汇票或者其他证券买卖业务。交易的具体规模和时间节点完全由央行来安排。

央行通过公开市场操作进行证券的买卖可以影响银行间利率、存款准备金、基础货币和货币总量指标。公开市场操作直接影响的是存款准备金、基础货币等数量型操作目标，其对市场利率的影响机制取决于流动性效应（Hamilton，1997），即流动性与市场利率之间存在的显著负相关关系。

从央行的交易目的来看，公开市场操作可以分为防御型操作和主动型操作。其中，防御型操作主要是为了应对（冲销）市场中其他因素引起的银行存款准备金及基础货币变化。比如，财政存款的突然增加会导致商业银行在央行的存款增加，进而增加基础货币并影响货币供给。这不是央行根据宏观经济情况主动调控的结果，所以央行通过公开市场操作来对冲这些影响。央行根据宏观经济情况进行的公开市场操作是主动型公开市场操作，也可以称为动态公开市场操作。

在实践操作上，如果债券市场和银行间市场足够发达，那么公开市场操作具有很多优点。首先是调控具有精准性，这主要体现在两个方面：一是央行可以精确地将流动性投放至指定的机构，二是央行通过公开市场操作能够决定流动性投放的精确数量及期限。其次是调控具有灵活性，央行可以根据金融市场状况灵活使用公开市场操作投放或者回笼流动性。最后是调控具有主动性，公开市场操作可以作为央行对市场进行主动调控而非被动响应的工具。

2. 我国公开市场操作的种类

随着中国债券市场和银行间市场的逐步发达，公开市场操作正在逐渐成为中国人民银行主要的政策工具之一，不管是在调节银行体系流动性、引导货币市场利率方面，还是在保持货币供应合理增长方面，都发挥了积极的作用。中国人民银行的公开市场操作可以分为人民币公开市场操作和外汇公开市场操作。外汇公开市场操作于1994年3月启动，人民币公开市场操作于1998年5月恢复交易。中国人民银行在1998年建立了公开市场业务一级交易商制度，最开始选择的交易对象是一批规模较大、能够开展大额债券交易的商业银行。近年来，随着一级交易商制度的不断完善，证券公司等其他金融机构也被引入一级交易商的行列。目前，我国共有49家一级交易商。

中国人民银行的公开市场业务主要包括回购交易（repurchase agreement transaction）和现券交易（outright transaction）、发行中央银行票据、国库现金定期存款，以及2013年创设的短期流动性调节工具（SLO）和2019年创设的央行票据互换工具（CBS）。另外，中国人民银行于2014年创设的中期借贷便利虽然不在央行的公开市场业务中，但也可以被视为一种公开市场操作工具。这是因为中期借贷便利利率的形成方式与公开市场操作类似，都是通过招标形成的市场利率，所以中期借贷便利利率也被称为公开市场操作利率。

回购交易可分为正回购交易和逆回购交易。在正回购交易中，央行向一级交易商卖出有价证券（比如国债和政策性金融债），并约定在未来的特定日期买回有价证券。在逆回购交易中，央行向一级交易商购买有价证券，并约定在未来的特定日期将有价证券卖给一级交易商。正回购交易和逆回购交易的区别在于流动性的流动方向不同，正回购交易是央行回收流动性，逆回购交易则是央行投放流动性。

现券交易分为现券买断交易和现券卖断交易（所谓买断或者卖断就是一次性交易的意思，与回购交易相对）。现券买断交易是央行直接从二级市场买入债券，并且一次性投放基础货币；现券卖断交易是央行直接卖出债券，一次性回笼基础货币。

中央银行票据即央票，是中国人民银行发行的短期债券，期限通常为3个月和1年。通过发行央票，中国人民银行可以回笼基础货币。央行票据起源于2002年9月，自2013年起停发。从2018年11月开始，为了丰富香港高信用等级人民币金融产品，完善香港人民币收益率曲线，央行开始在香港发行央票，这在一定程度上提升了人民币的国际化水平。

国库现金定期存款是财政部和中国人民银行以定期存款形式将闲

散国库资金存放于商业银行的操作。2006年，财政部和中国人民银行发布了《中央国库现金管理暂行办法》，开始以市场化方式管理国库资金，主要采用商业银行定期存款和买回国债两种操作方式，期限以1个月、3个月、6个月为主，利率通过价格招标确定。参与国库现金定期存款的商业银行名单由财政部和央行共同确定，与公开市场操作一级交易商名单的重合度较高。商业银行中标后，国库现金就从央行转移到了商业银行，本质上形成了基础货币投放。

短期流动性调节工具本质上是7天期以内的超短期逆回购，采用市场化招标方式进行操作。2013年1月，为了进一步完善公开市场操作机制，提高公开市场操作的灵活性和主动性，促进银行体系和货币市场平稳运行，中国人民银行决定启用短期流动性调节工具，作为公开市场常规操作的必要补充。短期流动性调节工具的最近一次启用是在2016年，期限为6天，利率为2.25%，此后该工具已未再使用。

央行票据互换工具是中国人民银行于2019年创设的，其目的是提高银行永续债的流动性，支持银行发行永续债以补充资本。央行票据互换工具使公开市场业务一级交易商能够使用其持有的符合要求的银行发行的永续债换入中央银行票据。央行票据互换工具以固定费率数量招标方式展开，通常是每个月招标一次，除了最开始的两期央行票据互换工具的期限为1年（费率为0.25%）外，其他央行票据互换工具的期限都为3个月（费率为0.1%）。

中期借贷便利创设于2014年9月，是中国人民银行投放中期基础货币的货币政策工具，符合宏观审慎管理要求的金融机构都可以参与招标，期限有3个月、6个月和1年。中期借贷便利采取质押方式发放，合格质押品包括国债、政策性金融债、央行票据、高等级信用债等优质债券。中期借贷便利自创设以来已逐步成为央行投放基础货币的最重要通道，操作频繁（每个月央行都会开展一次），对引导中期市场利率起到了重要作用。

3. 我国公开市场操作工具的局限性及建议

成熟的公开市场操作工具中一般会同时包含流动性投放工具和流动性回笼工具。逆回购和现券买入属于流动性投放工具，而回购和现券出售则属于流动性回笼工具。我国公开市场操作工具以流动性投放工具为主，仅有正回购和正向短期流动性调节工具为流动性回笼工具。正回购近年来开展得很少（最近一次是在2014年11月25日），正向短期流动性调节工具自创设以来仅开展过两次（分别是2013年12月和2014年2月）。此外，从中国人民银行的资产结构来看，由于作为正回购或正向短期流动性调节工具操作抵押品的国债在资产端存量较小（见图4-1），中国人民银行目前不具备运用公开市场流动性回笼工具的先决条件，造成了公开市场工具在操作方向上的不平衡。我国应重视流动性回笼的操作，完善公开市场操作体系。

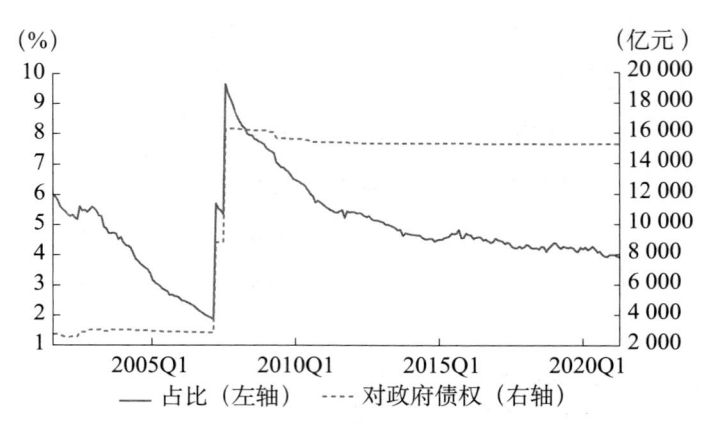

图 4-1　中国人民银行资产负债表对政府债权及占比

以美国为代表的发达国家央行常通过在公开市场中买卖大量国债来调节流动性和引导市场利率，我国也应重视国债在公开市场操作中的作用，并适时考虑重启公开市场国债买卖。中国人民银行在早期开展了一些以国债为主的现券卖断和回购业务，但由于中国人民银行持有的国债很少,加之国债市场规模较小且以中长期国债为主,因此并不适合用国债来开展公开市场操作。2002年9月,中国人民银行停止了国债公开市场买卖,通过发行央票回笼流动性。央票的期限通常在一年以下,结构更为合理,使用更加灵活,在我国外汇占款快速上升时期起到了积极的对冲作用。但是,长期大规模发行央票是难以为继的;央行需要支付央票利息,而央票的发行降低了市场的流动性,实际推高了利率,于是央行又需要发行新的央票来支付原来的央票利息,由此陷入了自循环的困境。由于发行成本过高,中国人民银行自2013年起停止发行央票。

随着我国利率市场和货币市场的不断完善,成本更低、流动性更好的国债将成为中国人民银行公开市场操作的首选。国债公开市场操作将为中国人民银行提供新的基础货币调节渠道,而且这种调节有别于再贷款、再贴现,是趋势性的。另外,国债公开市场操作提升了国债的流动性,同时促进了国债收益率对基准利率的引导,提高了货币政策的传导效率。国债是货币政策和财政政策的连接点,国债公开市场操作有助于加强货币政策和财政政策的协调与配合。

经过约20年的发展,我国国债市场活跃程度大幅提升,市场规模逐步扩大,尽管仍存在短期国债发行规模较小、银行间市场和交易所市场存在市场分割等问题,但是重启国债公开市场操作的条件已初步具备。

(三)存贷款基准利率

1. **存贷款基准利率和利率双轨制**

存贷款基准利率是指中国人民银行发布的存款、贷款指导性利率。金融机构存贷款利率设置以中国人民银行的基准利率为参照,在规定范围内自由浮动。我国目前的金融体系仍以银行为主导,中国人民银行通过调整存贷款基准利率可以直接调节银根的松紧（王国刚，2012），其政策效果远大于公开市场操作，因此中国人民银行对基准利率的调整也非常谨慎。

尽管中国人民银行对基准利率的调整次数较少，但基准利率的存在在很大程度上影响了我国的金融结构。我国的利率市场化采取了帕累托式渐进改革策略（易纲，2009），出于存贷款利率市场化会导致实体经济融资成本增加的顾虑，我国金融市场利率先一步放开，并与受到中国人民银行管制的存贷款利率长期并行，这就是利率双轨制。

对存贷款利率的管制使得已放开的金融市场利率被压制在较低的水平，利率指标存在人为的扭曲（李宏瑾和苏乃芳，2018）。在对存贷款利率的管制中，存款利率上限是利率双轨制的核心。较低的存款利率上限使得银行能以低成本获得大量资金，并能够在均衡利率之下供给贷款，因而刺激了企业的信贷需求。信贷的过度扩张倾向令中国人民银行不得不使用以存款准备金为代表的数量型工具控制市场流动性，这导致了数量型工具对金融市场利率的影响大于公开市场操作（何东和王红林，2011；He 和 Wang，2012）。

存贷款利率的市场化是利率市场化改革工作的重点和难点。我国存贷款利率市场化改革主要是从利率围绕中国人民银行公布的基准利率浮动范围的角度开展的。到目前为止，虽然存贷款利率围绕基准利率浮动的上下限均已完全放开，但是离完全的市场化定价尚存在距离。本节将分别介绍贷款利率和存款利率的放开过程，并针对现有问题提出相关建议。

2. 贷款利率

我国贷款利率市场化改革的进程是先开放浮动上限，再开放浮动下限，最终全面放开浮动范围。贷款利率市场化改革始于 20 世纪 80 年代。1983 年，国务院授权中国人民银行对于超过资金定额的贷款，可以以基准贷款利率为基础上下浮动不超过20%。此后出于企业财务成本的考虑和实体经济方面的阻力，利率市场化进程出现过倒退：1990年4月和1996年5月，贷款利率浮动的下限和上限分别降低至10%，且仅适用于流动资金贷款。

1998年10月，为了扩大中小企业融资，商业银行和城市信用社对中小企业贷款利率的上浮幅度由10%扩大到20%，农村信用社贷款利率最高上浮幅度由40%扩大为50%，大中型企业贷款利率最高上浮幅度维持10%。1999年9月，商业银行和城市信用社对中小企业的贷款利率上浮幅度扩大到30%。2000年9月，外币贷款利率完全放开。2003年8月，农村信用社改革试点地区信用社的贷款利率浮动上限扩大到基准利率的2倍。2004年1月，商业银行、城市信用社的贷款利率浮动上限扩大到贷款基准利率的1.7倍，农村信用社贷款利率的浮动上限扩大到贷款基准利率的2倍，贷款利率浮动上限不再根据企业所有制性质、规模大小分别制定。2004年10月，基本取消金融机构人民币贷款利率上限，仅对城乡信用社贷款利率实行基准利率的2.3倍的上限管理。2012年6月，允许贷款利率下浮幅度由10%扩大到20%，同年7月扩大到30%。2013年7月，全面放开金融机构贷款利率管制。同年10月，LPR集中报价和发布机制正式实行。

自2013年7月全面放开贷款利率管制以来，银行执行贷款利率浮动幅度不断上升。执行利率上浮幅度超过官方基准利率30%的贷款占比从2013年7月的19.08%上升到2018年12月的33.86%，2018年8月一度达到41.09%的峰值（见图4-2）；与基准利率持平的贷款占比从23.32%下降至18.47%。贷款利率浮动幅度显著扩大。需要注意的是，尽管贷款利率浮动幅度不断扩大，但是贷款加权平均利率总体仍以官方基准利率为参考，并未完全实现自由浮动。

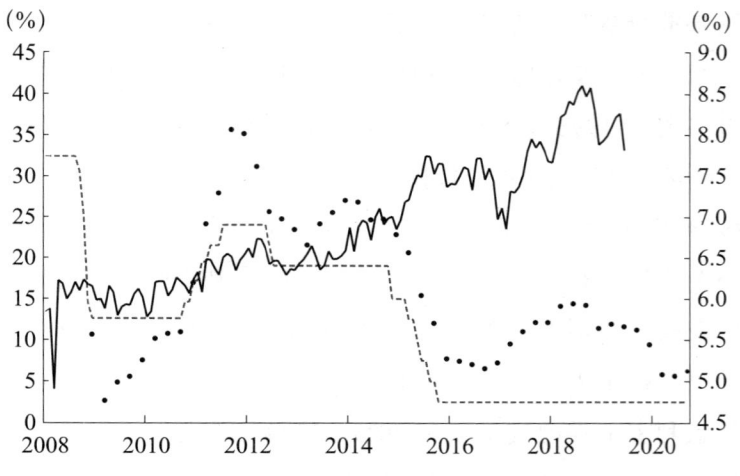

··· 贷款加权平均利率（右轴） ----- 1~5年贷款基准利率（右轴）
—— 上浮幅度超过官方基准利率30%的贷款占比（左轴）

图 4-2 贷款利率浮动幅度显著扩大

3. 存款利率

存款利率市场化改革同样是围绕利率的浮动幅度开展的。与贷款利率不同的是，存款利率的自由化程度对银行系统的稳定性影响较大。因此，存款利率市场化改革的进程是先下限再上限，先大额再小额：1999年，中国人民银行允许商业银行对保险公司试办长期大额协议存款，利率水平由双方协商决定；2000年9月，放开300万美元以上大额外币存款利率；2003年，放开小额外币存款利率下限，并且将小额外币存款利率管制币种由7种减少为4种；2004年10月，放开存款利率浮动下限但禁止向上浮动；2004年11月，全部放开1年期以上小额外币存款利率；2012年6月，允许存款利率围绕基准利率上浮10%；2014年11月，上浮幅度扩大到20%；2015年，上幅幅度进一步先后扩大到30%和50%；2015年6月，放开大额存单利率；2015年8月，放开一年期以上定期存款利率的浮动上限；2015年10月，对商业银行等金融机构不再设置存款利率浮动上限，至此存款利率上下限管制完全放开。

尽管存款利率没有明确的统计数据，但是从各类银行官网上的挂牌利率来看，银行的存款利率多以各期限存款基准利率为基础进行一定幅度的上浮并保持稳定，四大行、股份制银行、中小银行和农商行的上浮幅度依次增大（见表4-1）。虽然中小银行和农商行挂牌的存款利率较基准利率浮动幅度已较大，但是各类银行的利率均呈现出定价同质性、稳定性的特征，这显然不符合市场化定价的特点。

表4-1 存款利率浮动幅度普遍不大

存款期限	基准利率	四大行	股份制银行	中小银行和农商行
3个月	1.10%	维持1.35%	维持1.43%左右	维持1.43%左右
6个月	1.30%	维持1.55%	维持1.65%~1.69%	维持1.65%~1.69%
1年	1.50%	维持1.75%	维持1.95%左右	多数上浮至2.1%左右
2年	2.10%	维持2.25%	维持2.4%~2.65%	部分维持2.4%~2.65%，部分上浮至2.9%左右
3年	2.75%	维持2.75%	小部分维持2.8%左右，多数上浮至3.1%	小部分维持3.3%左右，多数上浮至3.8%左右
5年	无	维持2.75%	小部分维持2.8%左右，多数上浮至3.1%~3.3%	小部分维持3.3%左右，多数上浮至4%左右

资料来源：各银行官网.

4.择机取消存贷款基准利率

通过对我国金融机构现行存贷款利率的观察，并参考一些学者对均衡利率水平的估算（李宏瑾等，2016），尽管对浮动幅度的限制已完全放开，但可以发现我国存贷款利率水平仍受到基准利率的一定约束，表现出隐性利率双轨制的特征。

为了进一步推进利率市场化，疏通价格型货币政策传导机制，中国人民银行应择机取消存贷款基准利率。之所以加上"择机"二字，是因为存贷款利率市场化并不能通过简单地取消官方存贷款基准利率一蹴而就，而是应先配套相应的市场环境和政策框架。美国的利率市场化进程提供了一个反面例子。美国在1986年取消了存款利率上限，实现了完全的利率市场化。然而，利率上限的取消导致了存款利率普遍上行，储贷协会被迫以高利率吸收存款，同时发放固定利率的住房抵押贷款，导致存贷利差缩小，利润下滑，直至破产。1986—1989年，联邦储贷保险公司关闭或重组了296家银行，涉及资产1 250亿美元。储贷危机本质上正是存贷款利率市场化进程不协调、商业银行基准利率错配风险导致的结果。

美国储贷危机的教训启示我国，对于存贷款基准利率的取消应当慎之又慎，一旦贸然放开，就有可能出现银行争相高息揽储的现象，导致利率过度波动，央行难以进行有效调控，进而引发系统性金融风险。因此，我国利率市场化进程的下一步应首先考虑通过完善市场基准利率体系、提升货币市场有效性、转变货币政策框架等途径培育高流动性、高有效性的货币市场环境，然后择机取消官方存贷款基准利率。基准利率取消后，可考虑将存贷款利率与货币市场基准利率挂钩，便于央行通过货币市场工具调控存贷款利率；同时发挥利率定价自律机制的作用，防止利率大起大落，平稳有序地完成存贷款利率与货币市场利率的并轨。

三、创新型工具体系

（一）建设创新型工具体系的内涵

在金融危机前，发达市场央行通常采取调节短期政策利率的货币政策框架。在金融危机后，发达市场央行普遍将短期政策利率维持在极低水平以刺激经济。为了克服零利率下限对常规货币政策的限制，以美联储为代表的发达市场央行的货币政策框架发生了根本性变化，非常规货币政策成为新常态。

非常规货币政策工具主要包括量化宽松（quantitative easing）、前瞻性指引（forward guidance）和负利率政策（negative interest rate policy）。在短期政策利率达到零利率下限时，量化宽松和前瞻性指引可以通过调整长期利率和其他资产价格来刺激经济（Bernanke，2020），负利率政策则是突破零利率下限，因此非常规货币政策工具仍然有效。

发达市场央行通过非常规货币政策工具为市场注入大量流动性，但出现了金融机构在面临自身资产负债表恶化与风险敞口增加时"惜贷"的情况。另外，资产价格和抵押品价值下降使企业的融资处境更加艰难，从而产生"金融加速器"效应（Bernanke 等，1999）。金融机构的惜贷行为与企业自身的融资困境两者叠加，造成实体经济面临结构性的流动性短缺。在这样的背景下，主流经济体央行广泛运用结构性货币政策工具，定向为实体部门提供流动性支持。代表性的结构性货币政策工具包括美联储的定期证券借贷便利（Term Securities Lending Facility，TSLF）、欧洲央行的定向长期再融资操作（Targeted Long Term Refinancing Operations，TLTRO）和英格兰银行的融资换贷款计划（Funding for Lending Scheme，FLS）。

自 2013 年后，中国人民银行也创设了一系列结构性货币政策工具，包括 2013 年初设立的短期流动性调节工具和常备借贷便利、2014 年设立的中期借贷便利和抵押补充贷款、2018 年设立的定向中期借贷便利、2020 年设立的两项创新直达实体的货币政策工具，以及 2021 年设立的碳减排支持工具等。

本章研究的创新型工具体系包括非常规货币政策工具和结构性货币政策工具。一些研究将结构性货币政策工具视为非常规货币政策工具的一类（陈长石和刘晨晖，2019；陈梦涛和王维安，2020），但这种做法并不合理。尽管结构性货币政策工具的创设是非常规货币政策工具的补充，但是非常规货币政策工具属于央行在利率逼近零下限时的"权宜之计"，央行在合适的时候会采取相应的退出机制，开启货币政策正常化进程（例如美联储在2014年末退出QE）。而结构性货币政策工具的存在并不取决于较低的政策利率，当央行加息时，结构性货币政策工具仍可以发挥作用。因此，结构性货币政策工具可以成为央行常备货币政策工具箱中的一员，如我国的常备借贷便利和中期借贷便利就已成为中国人民银行频繁使用的流动性投放工具。而且，从结构性工具的操作来看，其实质上可被视为央行的公开市场操作或贴现贷款工具。

接下来将简单介绍非常规货币政策工具中的量化宽松和前瞻性指引，以及我国于2020年设立的两项直达实体的货币政策工具，并总结发达市场非常规货币政策经验对我国的借鉴意义。

（二）量化宽松

量化宽松是央行为了应对零利率下限，通过购买国债等证券，扩张资产负债表，增加基础货币供给，向市场注入巨量流动性的措施，目的是增加金融机构流动性和鼓励商业银行借贷。

量化宽松政策最早由日本央行在2001年3月实施，并于2006年结束。20世纪末期，日本经济走向衰退，为了遏制资产价格的持续下跌，为经济增长奠定基础，日本央行启动了量化宽松政策，购买大量长期政府债券，为市场注入流动性。在此期间，无担保隔夜拆借利率从1999—2000年的0.02%~0.03%下降到了0.001%。通过巨量的流动性刺激，日本核心消费者价格指数从2005年11月开始正增长，

2006年3月初宣布的增长率为0.5%。2006年3月9日，日本央行表示，预计核心CPI的同比增长率将保持为正，货币政策的目标已经完成，因此退出了量化宽松。

在2008年金融危机后，多国央行频繁使用量化宽松，为经济注入流动性。美联储在2008—2014年先后开展了三轮量化宽松：QE1开始于2008年11月，结束于2010年4月，主要内容是购买由房利美、房地美所担保的抵押贷款支持证券。QE2的起止时间是2010年11月—2011年6月，主要内容是购买6000亿美元长期国债以解决政府的财政危机。2012年9月，美联储开启了QE3，每月购买400亿美元抵押贷款支持证券，并执行卖出短期国债、买入长期国债的扭曲操作。2012年12月，该计划扩大到每月购买450亿美元国债以代替扭曲操作，加上之前每月400亿美元的购买额度，美联储每月的资产购买额度达到了惊人的850亿美元。2014年10月，QE3结束。

量化宽松的核心思想是央行通过购买大量长期债券以降低长期利率。在没有市场摩擦的理论模型中，央行的资产购买对资产价格的影响相对有限（Eggertsson和Woodford，2003）。Bernanke（2020）认为，量化宽松对资产价格的影响可以通过两条途径实现：其一，因为专业知识、交易成本、监管等方面的不同，投资者对债券有不同的偏好，所以改变不同类别、不同期限的债券的供给就会影响其相对价格[1]；其二，量化宽松是政府提前承诺的大规模资产购买计划，可以产生信号效应，使市场相信政策制定者打算在较长时间内将短期利率维持在低位。

量化宽松是一种非常激进的政策，其向市场注入的巨量流动性在

---

[1] 这便是期限偏好理论（preferred habitat theory）。

一定程度上有助于遏制通货紧缩。在市场信心萎缩的情况下，这些流动性不会造成通货膨胀，但是经济一旦好转，此前过度释放的流动性可能就会导致过度的通货膨胀。

（三）前瞻性指引

前瞻性指引是中央银行与公众沟通未来货币政策信息的工具，个人和企业将利用这些信息来决定支出和投资，因此，对未来政策的前瞻性指引可以影响当前的金融和经济状况。早在1999年，日本央行就率先使用了前瞻性指引这一政策工具。

从本质上来说，前瞻性指引旨在提高货币政策的有效性。前瞻性指引根据政策目标可分为两种：第一种是央行与公众沟通其常规货币政策的反应机制（如泰勒规则），央行可以通过对价格和经济状况的评论和预测来间接表明其未来可能选择的政策利率路径，也可以直接公布其对未来政策利率的预测。需要注意的是，在这种前瞻性指引下，央行并没有对未来的货币政策做出承诺，因此这也可以被视为非正式的前瞻性指引。第二种是在利率达到零下限时，央行承诺实行比市场和公众普遍预期的更长的宽松货币政策，这便是正式的前瞻性指引。

美联储在运用前瞻性指引这一货币政策工具时经历了三个阶段（见表4-2）。最初，FOMC以纯粹定性的语言来描述前瞻性指引，而没有说明政策的实施时间和终止条件，是开放式的。之后，美联储在前瞻性指引中加入了具体的日期。最后，美联储在前瞻性指引中加入了对经济状况的参考。随着时间的推移，从最开始的较为保守的措辞到之后的不断改进，美联储对前瞻性指引的研究越来越深入，应用也越来越灵活。

Kuttner（2018）总结了前瞻性指引影响利率预期的两种方式：一种是使美联储致力于推行时间不一致的政策，允许通胀率在一段时间内超过美联储的目标（Campbell等，2012），而对未来更高通胀率的可信承诺将降低未来短期实际利率（Eggertsson 和 Woodford，2003）。另一种是传达有关美联储的货币政策规则的信息，这一方式在市场无法判断当前经济状况下低利率将维持多久时可能非常关键。

表4–2 美联储的前瞻性指引的发展

政策终止条件	时间	前瞻性指引描述
开放式	2008 年 12 月	联邦基金利率可能在一段时间内维持接近 0 的水平
	2009 年 3 月	超低利率水平会继续维持一段时间
	2010 年 9 月	将持续监测经济前景和金融发展，随时准备额外的流动性，以支持经济复苏和通胀水平向既定目标转移
时间参照	2011 年 8 月	超低利率水平至少维持至 2013 年年中
	2012 年 1 月	超低利率水平至少维持至 2014 年年末
	2012 年 9 月	超低利率水平至少维持至 2015 年年中
经济状况参照	2012 年 12 月	如果失业率高于 6.5%，那么在未来 1~2 年内通胀率预期低于 2.5% 以及较长期通胀率预期稳定的前提下，仍将继续维持超低利率水平
	2013 年 12 月	即使失业率低至 6.5% 以下，只要预期通胀率仍在 2% 以下的水平，就将维持超低利率水平
	2014 年 3 月	综合评估 2% 的通胀率目标以及就业情况来决定是否对当前联邦基金利率进行调整
	2015 年 4—10 月	在劳动力市场明显改善，以及通胀率回到 2% 左右时，将会提高利率

资料来源：美联储官网.

（四）直达实体的货币政策工具

自 2013 年以来，中国人民银行创设的诸多结构性工具都具有直达实体的特征。2020 年 6 月，中国人民银行根据 2020 年政府工作报告的部署创设了两项直达实体的货币政策工具，分别是普惠小微企业贷款延期支持工具和普惠小微企业信用贷款支持计划。新创设的两项直达实体的货币政策工具进一步完善了我国的结构性货币政策工具体系，加强了对小微企业的扶持力度。

受新冠疫情影响，小微企业普遍出现了资金周转困难的问题。在这样的背景下，中国人民银行从企业还贷和银行放贷两个方面着手，创设直达实体的货币政策工具，支持小微企业发展。

在企业还贷方面，政府工作报告提出要将2020年内到期的普惠小微企业贷款延长至2021年3月31日。中国人民银行为了鼓励地方法人银行对普惠小微企业贷款予以延期，创设了普惠小微企业贷款延期支持工具，提供400亿元再贷款资金，采用通过特定目的工具（SPV）与地方法人银行签订利率互换协议的方式，向地方法人银行提供激励，激励资金约为地方法人银行延期贷款本金的1%。

在银行放贷方面，由于小微企业经营风险较大，而且缺乏贷款所需的抵押品，所以银行为小微企业提供的贷款较少。为了鼓励地方法人银行向小微企业提供信用贷款，中国人民银行创设了普惠小微企业信用贷款支持计划，提供4 000亿元再贷款资金，采用通过特定目的工具与地方法人银行签订信用贷款支持计划合同的方式，向地方法人银行提供优惠资金支持。

普惠小微企业贷款延期支持工具和普惠小微企业信用贷款支持计划是具有市场化特征的工具，它们与美联储在新冠疫情期间推出的主街贷款计划一样，都是通过特定目的工具签订支持协议，但是美联储的资金由财政部提供，美联储承担了信用风险（刘康，2020）。中国人民银行通过创新货币政策工具对金融机构的行为进行激励，但不直接向小微企业提供资金，信用风险由市场主体承担。

（五）结论与启示

金融危机后发达市场央行对非常规货币政策工具的广泛运用成为

一种新常态，是央行应对巨大经济冲击的重要手段。我国的短期利率水平与零利率下限距离尚远，并无使用非常规货币政策工具的必要，但通过观察发达市场的经验以及回顾我国对结构性货币政策工具的运用，仍能得到一定的结论与启示。

第一，无差别、无限制的流动性投放绝不可取。2020年3月23日，为了应对新冠疫情的冲击，美联储推出了史无前例的无限量QE，可这样做并非没有代价。巨量流动性的注入必然推升资产价格，2021年以来全球范围内大宗商品价格飙升，以及10月美国消费者价格指数同比上涨6.2%并达到30年来最高，便是无限量QE带来的"恶果"。另外，当QE被多次使用后，其效果也不如最初那么明显了。Krishnamurthy和Vissing-Jorgenson（2011）通过事件研究法发现，第二轮QE时美国10年期国债收益率下跌幅度远小于第一轮QE。在后续对美国及其他国家QE的事件研究中也发现了类似的结果（Bernanke，2020）。

第二，应重视央行与市场的沟通，加强央行预期管理。前瞻性指引有助于增强央行透明度，并提高货币政策有效性和降低金融市场不确定性（张成思和计兴辰，2017）。我国虽然没有实施前瞻性指引政策，但需要重视央行与市场的沟通，提高货币政策可信度，获取市场信任。

第三，应加强建设直达实体的货币政策工具。对于流动性的投放，"大水漫灌"不可取，"精准滴灌"很有必要。对于国民经济重点领域和薄弱环节，货币政策应加强支持力度，同时为了避免资金在金融市场空转或者流入其他不相关领域，需要进一步确保货币政策工具的精准性和直达性。

四、如何选择货币政策工具

前文中我们已对价格型、数量型和创新型三类货币政策工具做了较为详细的介绍，并针对我国货币政策工具体系建设提出了建议。通过对国内外央行货币政策工具使用情况的观察，可以得出一个简单的结论：不同国家对货币政策工具的选择不尽相同，同一国家在不同时期对货币政策工具的选择也不尽相同。央行如何选择货币政策工具以实现政策目标，是一个具有相当大的现实意义的问题。本节对国内外央行相关经验进行了总结，从金融市场结构、宏观经济状况以及经济发展的阶段性目标三个角度分析了这一问题。

（一）对货币政策工具的选择取决于金融市场结构

我国金融市场起源于具有较强管制色彩的计划经济体系，与发达市场央行不同，中国人民银行需要在一个并不成熟的市场经济体系下进行货币政策操作。1984年，中国人民银行开始履行中央银行职能，以信贷规模作为货币政策中介目标。此时中国人民银行运用最多的货币政策工具是再贷款，它通过再贷款直接控制信贷规模，调整各地区、各部门的信贷结构。再贷款工具成为当时我国最重要的货币政策工具与信贷规模管理制度的实施是分不开的。西方国家的商业银行一般通过再贴现的方式从中央银行获取资金支持，我国的再贴现业务于1986年试行，但受限于票据市场的发展，中国人民银行的再贴现量很小。

1996年货币供应量被确定为我国货币政策中间目标，1998年我国取消了商业银行信贷规模管制。货币政策中间目标的变化必然引起货币政策工具的变化，货币政策工具的运用需要达到货币供应量目标。在这样的背景下，公开市场操作逐步成为中国人民银行最重要的货币政策工具。值得注意的是，此时的公开市场操作实际上属于价格型工具：中国人民银行通过公开市场操作调节商业银行准备金与信贷，继而影响货币供应量。

中国人民银行使用公开市场操作的一个重要前提是我国金融市场的发展。我国的公开市场操作始于1994年，由于银行结售汇制度的实行和银行间外汇市场的建立，为了保持人民币汇率的基本稳定，中国人民银行在上海成立了公开市场操作室，对外汇市场进行调控。1996年4月，中国人民银行开始启动人民币公开市场操作，但由于市场流动性较大，央行缺少可用于正回购的债券储备，所以交易规模有限，1997年实际停止了公开市场操作（贾玉革，1999）。公开市场业务的开展需要依托于货币市场和债券市场，而我国的同业拆借市场于1996年才成立，银行间债券市场于1997年才成立。金融市场的发展使公开市场操作在1998年重启后取得了一定成效，1998年中国人民银行进行了36次公开市场操作，累计操作量达到1 761亿元（谢多，2000）。

可以发现，中国人民银行对货币政策工具的选择需要考虑金融市场的发展情况。在中国人民银行履行央行职能之初，我国金融市场尚处于起步阶段，中国人民银行只能选择信贷供给作为中间目标。由于票据市场还不成熟，因此再贷款成为中国人民银行主要使用的工具。随着金融市场的进一步发展，同业拆借市场和银行间债券市场先后成立，中国人民银行于1998年取消了信贷规模控制，转向间接的货币总量调控，公开市场操作的重要性开始提升。

除此之外，从1984年至今，中国人民银行频繁使用的还有存款准备金工具，这也与我国金融体系中银行占主导地位有关。根据中国人民银行发布的《2021年前三季度金融统计数据报告》，截至2021年9月末，本外币贷款余额为195.56万亿元，在社会融资存量中占比超过63%，本外币存款余额为235.62万亿元，是我国2020年GDP的2.3倍。这表明：银行存款是我国最重要的金融资产，银行贷款是我国最重要的融资渠道。中国人民银行对存准率的调节能够释放或者回笼大量流动性，是极有威力的货币政策工具。

总的来说，中国人民银行对数量型工具更加"偏爱"，与此相对应的是，具有成熟金融市场且金融体系以资本市场为主导的发达经济体央行更多使用价格型工具。从政策机制上来看，数量型工具强调对宏观总量的直接调节，价格型工具侧重于通过信号机制间接调节微观主体行为（刘红忠等，2020）。数量型调控政策效果直接、明显，但容易扭曲价格机制以及干预微观主体行为，价格型调控对金融市场发育程度和货币政策传导机制要求较高（徐忠，2018）。在金融市场化程度不高、货币政策的利率传导渠道不够通畅的情况下，选择数量型工具有其合理之处。

（二）货币政策工具选择适应宏观经济状况

当经济面临重大冲击，以及宏观经济运行处于不同区制中的时候，央行会视具体经济状况调整货币政策调控方式，既可以进行中间目标切换这样的大方向转变，也可以进行货币政策工具创新这样的小范围调整。

美联储在20世纪70年代以前的货币政策都是以利率调控为主，先后将短期国库券利率和联邦基金利率作为中间目标（Friedman，2000）。70年代后，受凯恩斯主义指导下相机抉择的货币政策的影响，美国经济陷入滞胀，货币主义逐渐成为主流，美联储将中间目标转向货币供应量。1975年，在《共同决议案133》（House Concurrent Resolution 133）下，美国国会要求美联储公布其货币供给的增长目标。1979年，由于石油危机造成了高达两位数的通胀，时任美联储主席沃尔克决定放弃调控短期利率，严格控制货币供给增长率，有效降低了通胀率。1982年后，为了应对经济波动和金融创新，美联储重新重视利率指标,到 1987 年正式宣布不再将 M1 作为调控目标。自 1993 年时任美联储主席格林斯潘宣布不再将货币供应量作为中间目标后,美国的货币政策中间目标重新变为联邦基金利率。

美联储的货币政策中间目标经历了从价格型到数量型再到价格型的转变过程。虽然公开市场操作一直是美联储最常用的货币政策工具,但中间目标的量价转变实际上也改变了货币政策工具的量价属性,属于美联储根据经济状况对货币政策调控方式的调整。另外,美联储为了应对 2008 年金融危机,使用了量化宽松和前瞻性指引等创新型工具,这也是央行根据宏观经济状况选择货币政策工具的实例。

中国人民银行对货币政策工具的使用同样适应宏观经济状况。2000 年,由于中国人民银行向新成立的四大资产管理公司发放了相当数量的再贷款,以及外汇占款快速增加,所以基础货币过快增长,货币市场利率持续下降,央行引入了正回购业务以回笼市场流动性。2001 年,为应对通缩形势,中国人民银行开展了现券买断业务,以增加基础货币投放(戴根有,2003)。2002 年,我国经济走出通缩,货币供给增速加快,中国人民银行需要回收流动性。为了解决手中现券不足的问题,央行自 2003 年 4 月起正式发行央票,发行央票成为我国公开市场操作回收流动性的主要方式(李宏瑾和项卫星,2010)。为应对外汇占款不断上升的压力,2003—2011 年,中国人民银行频繁上调存款准备金率,有效降低了货币乘数,减缓了信贷扩张。随着国际收支趋向均衡和流动性过剩局面的根本改观,2011 年底以来中国人民银行又逐步降低存准率,主动释放流动性(李宏瑾,2020)。

(三)货币政策工具选择服务于经济发展的阶段性目标

货币政策的最终目标通常是稳定通胀率和促进经济增长,这对应着货币政策的总量调节功能,但货币政策还需要支持经济的结构性调整和转型升级，这可以概括为经济发展的阶段性目标。中国人民银行创设的诸多结构性工具都符合服务于经济发展的阶段性目标的特征。

在支持经济结构性调整方面，中国人民银行创设的多种结构性工具可以定向调整金融机构资金的可得性和借贷意愿（殷兴山等，2020）。支农支小再贷款可以引导对县域经济和"三农"的信贷投放；抵押补充贷款为棚改提供了长期稳定、成本较低的资金来源，解决了国家开发银行棚户区改造的资金难题；定向中期借贷便利用于支持民营企业和小微企业的中期资金投放，促进信贷流入民营企业和小微企业。

在支持经济转型方面，中国人民银行为了落实国家关于碳达峰、碳中和的决策部署，在2021年11月8日推出了碳减排支持工具。碳减排支持工具可以向金融机构提供低成本资金，引导金融机构在自主决策、自担风险的前提下，向碳减排重点领域内的各类企业提供碳减排贷款。碳减排支持工具能够发挥政策示范效应，鼓励社会资金投向绿色低碳领域，引导企业向绿色经济转型。

上文中曾经提到，货币政策应把握好总量与结构的边界，过多使用结构性工具会弱化市场的资源配置作用，但我国目前的一些经济发展阶段性目标或者说问题有解决的必要。

近年来，由于实体经济的不景气与外部融资约束的存在，金融机构存在惜贷现象，急需流动性的实体部门获得贷款的难度较大，国有企业、房地产行业等软预算约束部门却容易得到贷款（刘元春和李舟，2016）。为了将流动性导入中小微企业、"三农"等我国经济薄弱环节和实体部门，解决结构性资金短缺问题，同时为了扶持重点行业，促进经济转型和产业升级，中国人民银行有必要通过结构性工具将流动性准确、直接地传递到相关企业和个人手中。服务于经济发展阶段性目标，这正是结构性工具创设的初衷和原则。

第五章
货币政策传导体系建设

一、传导体系的含义

(一)传导渠道的各环节构成与基本逻辑

货币政策的传导体系指的是中央银行通过使用货币政策工具对操作目标产生影响,再经过中间目标直至影响最终目标的货币政策传导过程中各传导渠道的总和。为了实现最终目标,中央银行的货币政策需要通过对中间目标的调整来达到目的;为了调整这些中间目标,则需要调整货币政策的操作目标;而中央银行可以通过对货币政策工具的合理使用来直接影响操作目标。

一般而言,货币政策的最终目标包括币值稳定和经济增长;中间目标包括货币供应量、各类中长期市场利率、银行信贷以及社会融资总量等;操作目标包括银行准备金、基础货币、各类短期市场利率等;货币政策工具包括公开市场操作、存款准备金工具、贴现贷款工具、利率政策工具以及窗口指导等。

货币政策传导体系的关键就是"货币政策工具—操作目标—中间目标—最终目标"的传导渠道,而这一渠道中每一个环节的传导都会影响货币政策传导的总体效果。货币政策的选择和货币政策工具的使用都有赖于对货币政策传导体系的理解。

欧美发达国家有关货币政策传导渠道的经典理论主要分析中间目标向最终目标的传导,对操作目标向中间目标的传导过程分析得较少。经典理论中只有利率期限结构理论相关文献会研究短期利率与中长期利率的关系及期限溢价的影响,但是也较少分析金融摩擦和制度性约束对货币政策传导过程的影响(马俊和王红林,2014),所以总体来看,西方的货币政策传导渠道相关文献较少关心货币政策向中间目标的传导过程。究其原因,可能是发达国家的金融市场和货币政策传导机制相对较为成熟,货币政策工具向中间目标的传导过程通畅而高效(马俊等,2016)。但是在中国的背景下,货币政策传导渠道上的所有环节都需要关注,完善中国的现代货币政策传导体系需要保证所有环节的通畅。

本章介绍了货币政策的三类主要传导体系(即利率传导体系、信贷传导体系、资产价格传导体系)以及预期传导渠道、银行风险承担渠道、非常规货币政策的传导等其他货币政策传导渠道,为中国如何建设通畅的货币政策传导体系提供了理论基础。

(二)货币政策传导渠道的微观基础

货币政策传导体系强调货币政策在"货币政策工具—操作目标—中间目标—最终目标"这一渠道上的传导。尽管操作目标、中间目标和最终目标都是宏观层面的加总概念,但是货币政策传导渠道的微观基础十分重要。

顾名思义,现代货币政策调控体系要求中央银行使用货币政策工具之后,传导体系中的各个环节逐步地、自发地传导货币政策的影响,而不是听从指令而变化。这就要求在各个环节中,存在金融机构、企业、家庭等微观市场主体。这些微观市场主体的利润最大化和风险管理决策构成货币政策传导渠道的微观基础，保证货币政策传导过程的顺利完成。

实际上，完善货币政策传导渠道的微观基础也是疏通货币政策传导机制、更好地服务实体经济的关键举措。货币政策在金融市场中的传导过程既是金融机构根据自身的信息进行风险管理决策的过程，又是中央银行通过市场收集有关金融机构运行状况的信息的过程；货币政策向实体经济传导的过程既是企业和家庭根据自身的信息进行投资、融资或消费决策的过程，又是反映宏观经济运行状况的过程。相对于指令式货币政策干预模式，现代货币政策调控体系能够以市场化方式激发微观主体活力，保障实体经济发展。

诚然，指令式货币政策干预模式有其强大优势。借助国有银行的信贷行为与国有企业的投资行为的组合，中国可以通过指令式操作对货币政策最终目标施加影响（Deng 等，2015）；美国宽松货币政策对产出的作用远不及紧缩货币政策的效果明显，被喻为美联储无法"推绳子"（Tenreyro 和 Thwaites，2016），而中国的宽松货币政策可以高效地推动投资和产出的增加，完成"推绳子"操作（Chen 等，2019）。但是，这种模式的货币政策影响的上行下达终归不是现代货币政策传导体系：指令式货币政策影响模式无法通过市场的作用配置资金资源，也无法体现微观主体所掌握的信息、激发微观主体的活力。

（三）市场化与现代货币政策传导体系

现代货币政策传导体系的建立可以推动并深化市场化进程。通过货币政策传导体系对银行体系的货币创造行为的有效调控，可以促使银行体系基于风险和收益的权衡进行信贷决策，缓解所有制歧视等问题，扶持私营企业和中小企业参与市场竞争，借此提高总体生产效率。

完善货币政策传导渠道的微观基础要求微观主体行为的市场化。如果微观主体处于市场分割或受到行政干预的环境中，那么其决策会被扭曲，这会导致货币政策向最终目标的传导不畅，而货币政策传导过程反映的信息也会失真，导致货币政策传导体系的有效性面临挑战。

具体而言，货币政策传导渠道上的每一个环节都要求微观主体目标和行为决策的市场化。从货币政策工具到操作目标的传导本质上要求公开市场操作等货币政策工具使用的市场化，需要中央银行和一级交易商通过利率招标等方式完成资源的有效配置；从货币政策操作目标到中间目标的有效传导往往要求银行间市场的完善，即金融机构能够通过银行间市场调剂不同期限的资金余缺，进行风险配置；从中间目标到最终目标的有效传导要求金融机构和企业的市场化，即金融机构和企业以利润最大化为目标完成投融资和经营决策。

现代货币政策传导体系建设和市场化进程是相辅相成、互为表里的。如果没有现代货币政策传导体系，那么市场化的调控和推进可能会面临困难；而市场化改革过程的缺位又会使得货币政策的传导不畅。

二、利率传导体系

利率传导体系指中央银行的货币政策通过利率影响企业融资成本、贴现率等，进而影响企业投资、居民财富、汇率，最终影响经济总产出的货币政策传导体系。由于物价与货币的联系较为明确而直观，所以在分析货币政策传导体系时，一般主要研究货币政策最终目标中的经济总产出目标。

利率传导体系是最重要的新古典视角的货币政策传导体系，即在金融市场完美的情况下发挥作用的货币政策传导体系（Boivin等，2010）。对于欧美发达国家而言，利率传导体系是主要的货币政策传导体系。在成熟的金融市场中，相同期限的无风险利率相同，即市场中资金价格统一，这使货币政策调整的影响效果得以有效传导。对于发展中国家而言，多层次金融市场的建设有待进一步完善，利率传导体系往往不成熟。

（一）基于投资的直接利率渠道

经典利率传导渠道的思想是Hicks（1937）的 *IS-LM*（投资与储蓄-流动性偏好与货币供给）模型的核心内容，其具体传导机制是：货币供应量增加导致真实利率下降，而真实利率下降代表着企业融资成本下降，这会刺激企业投资，致使企业投资增加，最终引起经济总产出（GDP）增加。这一渠道可以归纳如下：

货币供应量↑→真实利率↓→企业融资成本↓→
企业投资↑→经济总产出↑

货币政策使得名义利率降低时，如果价格黏性存在，那么真实利率会降低。真实利率能够明显影响企业融资成本，而且在直接利率渠道理论中，企业的融资成本是决定企业融资需求的关键变量。因此，如果真实利率降低，企业融资成本降低，那么企业将会增加投资，经济总产出也会增加。

在这一逻辑下，货币政策通过直接利率渠道对企业投资产生的影响应该是短期的，因为中长期价格会调整，使得真实利率趋向于保持不变，而企业融资成本取决于真实利率。实际上，更进一步说，如果社会对于货币政策的调整有足够的预期和足够快的调整速度，那么价格将会调整得足够快,以至于货币政策不会影响真实利率。这是标准的新凯恩斯模型的观点,即中央银行能够影响真实变量的关键原因是存在价格黏性。基于价格黏性的视角,货币政策在短期内会发挥作用,但是在长期内是无效的。

利率传导渠道(包括直接利率渠道和后文中的财富效应渠道)中的关键一环是从短期利率向中长期利率的传导。因为上文中所述的影响企业融资成本的真实利率指的是中长期真实利率,然而现代货币政策调控体系中货币政策所直接影响的是短期利率(直接干预中长期利率不是金融体系运转良好时的现代货币政策操作模式),所以货币政策对短期利率的直接影响能否传导至中长期利率,在很大程度上决定了货币政策的直接利率渠道是否通畅。

有关短期利率向中长期利率的传导的理论基础是利率期限结构的预期理论。经典的利率期限结构的预期理论认为,长期利率等于市场参与者对该期限内的短期利率的当前预期的平均值,而考虑期限溢价的利率期限结构预期理论则认为长期利率等于该期限内的短期利率的当前预期的平均值加上只与期限有关的期限溢价。短期名义利率变化之后,投资者会在不同期限的债券之间进行套利操作,消除风险调整后的收益率的利差,使得长期名义利率和短期名义利率发生同向变化(Ireland,2005)。

按照这种利率决定机制理论,短期利率和未来短期利率的平均值可以影响长期利率。因此,中央银行可以通过影响短期利率将货币政策的影响传导至长期利率。然而,若市场对未来短期利率的预期没有改变,那么长期利率的变化会很小,甚至可以忽略。但是,如果中央银行可以通过前瞻性指引等方法影响市场对未来短期利率的预期,例如让市场认为未来一段时间内短期利率均会保持较低水平,那么长期利率将会受到货币政策的明显影响。著名的泰勒规则(Taylor,1993)

认为，美联储影响下的短期利率与企业投资有直接关系，该观点中就体现了这一思想。

在货币政策实践中，直接调整短期利率的货币政策也可能通过影响期限溢价而影响长期利率。Hanson和Stein（2015）发现，货币政策会影响银行的证券组合的账面收益，导致银行调整证券组合以保证账面收益，所以货币政策降低短期利率时银行购买长期债券的行为也会使长期利率降低。如果短期利率和长期利率之间存在市场分割，短期债券和长期债券之间存在严重的套利限制使得两者的供求基本无关，那么短期利率的变化对于长期利率的影响不明显。这时货币政策的利率传导渠道可能存在梗阻。

综合来看，短期利率的变化可能导致未来远期利率的预期路径或期限溢价发生变化，由此通过利率期限结构推动中长期利率同向变化。

尽管货币政策在利率期限结构上的传导是利率渠道传导的重点问题，但是货币政策能够传导至中长期利率未必代表着货币政策能够有效地传导至最终目标。首先，中长期利率的下降未必会导致企业融资成本的降低，如果信息不对称问题严重，那么即使中长期利率下降，中小企业也难以获得融资。其次，在经济不确定性较高或者实业投资收益率较低时，企业融资成本下降可能会导致企业的金融资产投资增加，而实业投资水平反而降低。最后，部分企业的投资增加可能未必会使总产出增加，反而可能会引起结构性资源配置问题，例如国有企业投资可能会挤出民营企业投资。

（二）基于耐用品消费的利率渠道

利率对真实经济变量产生影响的路径并不只有影响企业投资这一种，也可能通过家庭消费等路径影响经济总产出。已有文献表明，投资的利率弹性小于真实经济对基准利率的反应（Bernanke 和 Gertler，1995），这意味着利率对房产和耐用品消费有明显影响。利率对房产消费有影响的例证之一是美国联邦基金利率与住房新开工量高度相关（Taylor，2007）。

如果将直接利率渠道的逻辑扩展至家庭，强调家庭融资成本的下降会导致家庭耐用品消费的增加，就可以得出基于耐用品消费的利率渠道的传导逻辑：

货币政策宽松→中长期利率↓→家庭贷款成本↓→
家庭耐用品消费↑→GDP↑

在这一传导渠道中，货币政策影响家庭购买耐用消费品的消费决策，进而影响经济中的总消费，最终影响经济总产出。

（三）基于国际贸易的汇率渠道

汇率传导渠道关注货币政策经由汇率而对最终目标产生影响的过程。由于非抛补利率平价关系的存在，本国汇率会受到本国利率的同向影响，而货币政策会经由汇率影响净出口和总产出。汇率传导渠道的具体传导过程是：当本国短期利率下降时，本币的无风险利率收益低于外币的无风险利率收益，本币贬值，本国产品相对于国外产品的价格降低。如果马歇尔－勒纳条件成立，而且资本项目的变化相对较小，那么经济的净出口增加，总产出增加。这一渠道可以归纳如下：

货币政策宽松→利率↓→汇率↓→出口↑→GDP↑

汇率渠道在逻辑上成立要求实施浮动汇率制度或资本项目管制。如果实行的是固定汇率制度，而且资本可自由流动，那么货币政策会丧失独立性，更不可能通过汇率传导渠道发挥作用。当货币政策宽松时，利率下降，汇率可能下降，如要维持固定汇率，那么央行需要在公开市场上卖出外币、买入本币，于是投放的货币供应减少，相应地抵消了货币政策宽松的效果。如果实行资本项目管制和固定汇率制度，那么货币政策仍然有效，因为经常项目出口大量增加导致了外汇占款快速增加，进一步增强了宽松货币政策的作用。

总结货币政策的利率传导体系不难发现，基于投资的直接利率渠道、基于耐用品消费的利率渠道和基于国际贸易的汇率渠道的逻辑基础都是均衡分析，这些传导逻辑都要求金融摩擦的影响可以忽略不计。也就是说，无论是央行的货币政策工具引起短期利率的相应变化或债券市场跨期套利所形成的在利率期限结构上的长短期利率传导，还是中长期利率对企业融资成本和家庭贷款利率的影响，抑或是汇率对利率调整的反应，都要求金融市场能够提供较为准确的资金定价。

三、信贷传导体系

信贷传导体系指通过影响信贷体系的运行来最终影响经济总产出的货币政策传导体系。信贷传导体系是重要的非新古典视角的货币政策传导体系，这类理论强调委托代理问题和信息不对称问题在货币政策传导体系中发挥的作用。信贷传导体系至少包括三种货币政策传导渠道：银行放贷渠道、资产负债表渠道和家庭资产负债表渠道。

（一）银行放贷渠道

银行放贷渠道指货币政策影响商业银行的资产总量，进而影响贷款供给的变化，最终影响实体经济的运行状况的货币政策传导渠道。中央银行实施宽松的货币政策时，商业银行为企业提供更多贷款，企业投资的增加使得经济总产出增加。

银行放贷渠道是狭义的信贷传导渠道，相关理论由 Bernanke 和 Blinder（1988）明确提出，其思想可以追溯至 Roosa（1951）。

Bernanke 和 Blinder（1988）认为，*IS-LM* 模型的利率传导体系没有重视银行贷款的作用，而由于信息不对称问题的存在，通过债券或贷款进行外部融资的资金成本明显大于通过未分配利润融资的机会成本，所以作为信用中介和信息中介的银行在信贷市场中处于关键地位。Bernanke 和 Blinder（1988）利用信贷市场、货币市场和商品市场的三个出清条件在 *IS-LM* 模型中引入银行贷款，说明了中央银行对银行存款准备金的调整可以影响商业银行发放贷款的规模，进而影响企业实业投资。银行放贷渠道的传导逻辑如下：

货币政策宽松→银行存款准备金↓→银行贷款↑→

企业投资↑→GDP↑

这一传导逻辑暗示着货币政策将会通过信贷传导体系更多地影响中小型企业，因为中小型企业更依赖银行贷款，而大型企业可以通过股票市场或债券市场等替代途径进行融资。因此，中央银行通过银行存款准备金来控制商业银行的信贷规模，就能影响中小企业和私人的信贷融资，进而影响实体经济。类似地，面临更严重的金融摩擦的企业（包括评级缺失、面临融资约束、抵押品损失大的企业）更容易受到货币冲击的影响（Nilsen，2002；Gan，2007；Basistha 和 Kurov，2008）。

信贷传导体系中还存在银行资本渠道，其传导过程也是货币政策通过调整商业银行信贷规模最终影响经济总产出，与银行放贷渠道的传导过程相似。银行资本渠道指的是中央银行的货币政策可以通过影响商业银行资产价格或资产质量来影响商业银行资本金，进而影响银行的贷款发放。具体而言，当货币政策紧缩时，资产价格下降，违约概率上升，商业银行可能面临银行资本金短缺的问题，所以会减少贷款发放，进而导致经济中投资和总产出的减少。以银行为研究对象的文献发现，小型、证券资产比例低或资本不足的银行对货币政策调整的反应更加明显（Jayaratne 和 Morgan，2000；Kashyap 和 Stein，2000；Altunbas 等，2002）。

银行放贷渠道不仅会通过新增贷款发挥作用，还会通过未对冲的浮动利率贷款发挥作用（Ippolito 等，2018）。例如，当货币政策紧缩时，企业的浮动利率贷款的利息支出增加，企业的内源融资资金减少，企业投资受到抑制。这一传导效应还可能因"金融加速器"机制而被放大，但在货币当局面临零利率下限并使用非常规货币政策时，浮动利率贷款的影响会被大大削弱。

银行放贷渠道在发展中国家能较好地起到货币政策传导的效果，是当前中国主要的货币政策传导渠道，但同时也是有指令色彩的货币政策传导渠道，而容易受到窗口指导影响的特点也使之更有可能将信贷资源配置至低生产率部门。有关信贷错配的文献发现，中国为应对2008 年全球金融危机而采取了财政和货币政策双宽松的措施之后，信贷资源更多地被配置到了以国有企业或地方政府（提供隐性担保的）关联企业为主的低生产率部门（Cong 等，2019）。同时，致力于降低系统性风险的宏观审慎政策反而在一定程度上加剧了信贷错配现象，导致商业银行系统向国有企业的信贷投放增加，那些被认为风险更低的国有企业贷款的实际违约情况反而更严重（Li 等，2020）。

若要保证银行放贷渠道合理地配置资源，即要保证商业银行将信贷资源合理地配置给生产率更高的部门，那么理论上可能需要满足如下要求：第一，货币政策传导过程中应合理地减少窗口指导式干预操作，一般情况下只使用存款准备金率要求、资本和流动性监管要求等方式影响商业银行的信贷行为；第二，有较成熟的债券市场作为银行信贷的替代，通过竞争促使商业银行的信贷定价趋于合理；第三，商业银行以风险调整后的收益最大化为目标，既不因"大而不倒"而选择激进的信贷模式，又不因委托代理问题而选择过度保守的经营方式。

（二）资产负债表渠道

资产负债表渠道指货币政策影响企业资产负债表，进而影响企业的融资能力，最终影响企业投资和经济总产出的货币政策传导渠道。资产负债表渠道的理论基础是企业的高净值、高现金流、高流动资产能够减少企业借贷时放贷人和借贷人之间的信息不对称问题，提高企业的借贷能力（Bernanke 和 Gertler，1989）。如果企业净值较低，那么放贷人会担忧企业的逆向选择和道德风险问题；如果企业净值很高，那么放贷人与借贷人之间是风险共担的关系，作为放贷人的银行就会认为逆向选择和道德风险问题相对较小，从而更愿意提供贷款。

具体而言，货币政策可能通过多种路径影响企业净值，进而影响企业的借贷能力。

第一，在宽松的货币政策下，企业的资产价格上升，能够用于质押的资产增加，净值上升，缓解了逆向选择和道德风险问题，所以银行贷款增加，投资和经济总产出增加。其逻辑链条如下：

货币政策宽松→资产价格↑→企业净值↑→

银行贷款↑→企业投资↑→GDP↑

第二，在宽松的货币政策下，通货膨胀率上升，企业负债端的实际负债减少，净值上升，逆向选择和道德风险问题减少，进而银行贷款增加，企业投资和经济总产出增加。其逻辑链条如下：

货币政策宽松→通货膨胀率↑→实际负债↓→企业净值↑→

银行贷款↑→企业投资↑→GDP↑

第三，在宽松的货币政策下，实际利率下降导致企业的利息支出减少，商品需求增加导致企业的销售收入增加，这些都会改善企业的现金流，净值上升，同样会缓解逆向选择和道德风险问题，从而使银行贷款增加，企业投资和经济总产出增加。其逻辑链条如下：

货币政策宽松→企业现金流↑→企业净值↑→
银行贷款↑→企业投资↑→GDP↑

反之，紧缩的货币政策则会导致企业的资产价格和现金流减少，企业净值降低，借贷能力减弱，进而导致企业投资减少，经济总产出减少（Bernanke 和 Gertler，1989；Kiyotaki 和 Moore，1997）。由于经济形势的恶化又会进一步降低企业净值，削弱企业的借贷能力，形成正反馈恶性循环，所以这一机制又被称为"金融加速器"（Bernanke 等，1999）。

需要注意的是，资产负债表渠道中的银行贷款发放环节也可以更改成企业的债券发行环节。也就是说，资产负债表所涉及的企业融资能力并不一定是指银行贷款，也可以是指企业的其他外部融资。但是，银行放贷渠道难以影响企业的债券发行等环节。从本质上看，银行放贷渠道强调银行贷款的特殊性，而资产负债表渠道则强调内源融资和外源融资之间的差异。

（三）家庭资产负债表渠道

家庭资产负债表渠道指货币政策影响家庭资产负债表的流动性状况及家庭所能获得的信贷资源，进而影响家庭消费支出，最终影响经济总产出的货币政策传导渠道（Mishkin，1995）。以美国为主要代表的发达国家的家庭在购置耐用消费品和房产时，一般会向银行借款，这种消费习惯使得利率与消费有了较为直接的联系，家庭资产负债表渠道的作用更加明显。值得一提的是，随着互联网金融的兴起和经济形势的变化，向金融体系借款进行消费的现象在中国也逐渐变得常见，家庭资产负债表渠道的重要性也日益增强。

如果货币政策紧缩，那么有抵押贷款的家庭的财务状况将更加困难，更难以获得消费贷款，这会导致家庭对耐用消费品的购买量下降，进而使得经济总产出下降。此外，在货币政策紧缩时，家庭还会预期到自己从银行获得贷款的能力降低，所以偏好持有流动性高的资产，减少耐用消费品，这也会使得经济总产出下降。反之，在货币政策宽松时，家庭的财务状况得到改善，陷入财务困境的可能性下降，那么家庭会增加耐用品消费等，从而使经济总产出上升。其逻辑链条如下：

货币政策宽松→家庭的财务状况和借贷能力↑→

陷入财务困境的可能性↓→耐用品消费和房产购买↑→GDP↑

相比财富效应渠道，家庭资产负债表渠道着眼于家庭所能获得的信贷资源，而不是家庭所持有的财富。尽管家庭部门整体来说是盈余部门，但家庭负债表依然重要，原因有二：第一，由于社会财富的分配问题，可能有相当大部分家庭的资产负债表中负债占据了较高的比例；第二，家庭所持有的财富中可能有相当高比例的非流动资产，所以陷入流动性危机会导致家庭面对较大的财务困境成本。

家庭资产负债表因素（包括非流动资产占比和债务占比）还会导致货币政策传导效果呈现出异质性。在利率短时间下降后，有抵押贷款的家庭的支出将会明显提高，租房家庭的支出也会提高，但不明显，而自有房屋的无贷款家庭的支出则没有显著反应（Cloyne等，2020）。

在家庭部门负债比例较高的国家和2008年全球金融危机期间，家庭资产负债表渠道的作用较为明显：危机期间，美国房地产价格的下降使得有抵押贷款的家庭的资产负债表恶化，获得消费贷款的难度上升，于是这些家庭对耐用品的消费减少，使得经济形势进一步恶化。

四、资产价格传导体系

（一）基于资产重置的资产价格渠道

资产价格传导体系中的关键变量是资产价格，即货币政策调整时不仅会导致利率变化，还会使各类微观主体的投资组合发生变化，致使国内外各种资产的实际价格和预期价格发生变化，从而影响最终目标。货币主义学派的 Friedman（1956，1970）和 Metzler（1995）是资产价格传导体系理论的典型代表。

Metzler（1995）认为，利率渠道理论太过关注利率这种单一价格，利率渠道理论和 *IS-LM* 模型对货币政策传导的阐述中至少忽略了资产存量的调整、短期利率和长期利率的差异、金融中介的作用、货币与债券的差异、短期利率一般不影响消费决策的事实。资产价格传导渠道理论则对这些问题予以关注，强调货币政策能够影响资产市场中投资者的投资组合和资产的相对价格，进而影响产品市场的供给和需求，导致经济总产出发生变化。

按照资产价格渠道，货币政策宽松时货币供给的扩张会导致对资产的需求增加，进而导致股票价格上涨，而货币政策宽松时利率的下降会导致贴现率的下降，这意味着提供相同现金流的资产的估值上涨，也会导致股票价格上涨。其中，通过货币供给的传导渠道符合货币主义学派的视角，而通过利率的传导渠道符合凯恩斯主义学派的认识，但这两种传导渠道都认为，宽松的货币政策会导致资产价格上涨，即：

货币政策宽松→资产价格↑→

企业投资或居民消费↑→GDP↑

基于资产重置的资产价格渠道的思想实际上来自 Tobin（1969）

的分析。Tobin（1969）认为，金融资产有债券、股票等多种形式，所以多种形式的金融资产的利率会影响整体经济活动。当实际利率下降时，债券价格上涨，而收益率下降，资产间的替代效应导致股票的价格上涨。Tobin（1969）还分析了市场价格和重置价格之比（托宾 Q 值）对企业投资的影响，并得出了以下结论：如果市场价格相对于重置价格较高，那么企业有动力通过权益融资来进行实业投资，如购买厂房或机器设备；如果市场价格相对于重置价格较低，那么企业通过权益融资进行投资的意愿较弱。其逻辑链条如下：

货币政策宽松→货币供给↑→债券利率↓

债券价格↑→股票价格↑→托宾 Q 值↑→企业投资↑→GDP↑

需要注意的是，资产价格的影响因素较多，波动较大，而且时常呈现出非理性的价格变化，所以中央银行一般不根据股票价格等资产价格调整货币政策，即基于资产重置的资产价格渠道的可操作性逊于利率传导渠道和信贷传导渠道（Bean，2003）。

（二）基于消费的财富效应渠道

财富效应渠道的基础是 Modigliani 和 Brumberg（1954）及 Ando 和 Modigliani（1963）的生命周期理论。财富效应渠道指通过影响家庭用以消费的财富和恒久性收入，进而影响家庭消费支出，最终影响经济总产出的货币政策传导渠道。具体而言，扩张性货币政策将会刺激对资产的需求，导致家庭所拥有的财富总量上升，进而引起家庭消费支出增加，最终导致经济总产出增加。其逻辑链条如下：

货币政策宽松→资产价格↑→恒久性收入↑→

家庭消费↑→GDP↑

财富效应渠道的基础是家庭部门的消费，而货币政策的扩张与紧缩分别会导致家庭可消费资源的增加与减少。实际上，还存在另一种基于消费的货币政策传导渠道，即跨期替代效应渠道：实际利率的下降意味着当前消费的机会成本降低、未来消费的预期收益降低，这使得家庭的当期消费量增加而未来消费量减少。这种跨期替代效应渠道与财富效应渠道存在差异，但是在标准的 DSGE 模型中一般不对这两种渠道予以区分。

家庭成员的年龄差异或财富积累差异会导致货币政策的影响具有异质性：宽松货币政策冲击会导致老年家庭的总消费显著上涨，但是对中青年家庭消费的影响更小且不显著（Berg 等，2021）。

在中国，关于货币政策通过影响房地产价格而对居民消费产生的影响是否为正，已有文献尚未达成一致意见：部分文献认为房地产的财富效应使得居民消费增加（黄静和屠梅曾，2009；杜莉等，2013）；另一部分文献则发现房价上涨会导致无房者和租房者缩减消费，整体来看会抑制消费（况伟大，2011；谢洁玉等，2012）；还有文献表明房价上涨对总体消费需求的影响并不显著（龙少波等，2016）。

（三）基于资产流动性的流动性传导渠道

流动性传导渠道指影响资产价格，进而影响金融机构的流动性，最终影响经济活动的货币政策传导渠道。流动性传导渠道理论认为，在宽松的货币政策下，资产价格提高，金融体系流动性增加，经济主体预期未来获得的货币量增加，所以社会的总需求增加。其逻辑链条如下：

货币政策宽松→资产价格↑→资产流动性↑→货币供给和资本市场融资↑→企业投资和家庭消费↑→GDP↑

流动性传导渠道同时具有利率传导和信贷传导的色彩。在流动性传导渠道中，利率结构是影响资产价格的重要因素，而流动性变化影响金融机构的放贷能力也是传导渠道上的关键一环,所以将流动性传导渠道归入利率传导体系或信贷传导体系也似无不可。但是,由于流动性传导渠道强调各类资产价格的变化(而不仅仅是单一利率水平的变化),而且传导渠道中是通过金融市场的流动性增加(可以不经由银行放贷的环节)来影响企业和家庭的资金来源,所以将流动性传导渠道归入资产价格传导体系更恰当,因此本章不将其归入利率传导体系或信贷传导体系。

(四)基于抵押品效应和投资替代的房产价格渠道

房地产市场的持续繁荣伴随着中国经济的快速发展,而房地产价格也是中国货币政策传导的重要环节之一。房地产价格可能通过不同的渠道对货币政策传导的结果产生方向不同的影响,从而对企业实业投资产生促进或抑制的作用。

货币政策宽松可能引起房地产价格上涨,进而促进实体经济发展,其原因包括房地产的抵押品效应和财富效应。抵押品效应强调房地产作为企业的抵押品的作用。在货币政策宽松时,房地产价格上涨,这时企业的抵押品的市场价值上涨,银行更倾向于向拥有房地产的企业提供贷款,这使得企业的融资约束放松,企业能够进行更多固定资产投资或者研发投资(Chaney等,2012;Wang等,2017)。欧美主流文献中刻画的房地产价格的财富效应强调房地产是家庭财富的重要组成部分:房地产价格的上涨会使得家庭所持有的财富增加,进而刺激居民消费,再传导至企业投资与总产出(Carroll等,2011;Mian等,2013)。然而,对于中国而言,房地产价格上涨能否刺激居民消费仍然没有定论,不能断言宽松的货币政策推高房地产价格之后一定会对居民消费产生正向作用。

货币政策宽松所导致的房地产价格上涨也可能对实体经济产生挤

出效应。迅速上涨的房价可能成为企业实业投资的替代品，挤出企业的实业投资（Chen 和 Wu，2017），这也可以称作"投机渠道"。宽松的货币政策所导致的房价上涨也可能导致持有房地产的企业和没有房地产的企业的融资能力的分化，进而导致资金配置的低效，抑制实体经济发展（Chen 和 Wen，2017；Bleck 和 Liu，2018）。

由于在资产价格传导体系中利率仍然发挥着关键作用，所以部分学者认为资产价格传导体系是利率传导体系中的一部分。诚然，金融资产的价格可以被视为利率的某种表现形式，但是资产价格传导体系强调多种资产价格之间的关联关系（债券和股票、重置价格和市场价格等），所以仍然可以认为资产价格传导体系是一种单独的传导体系。

五、其他传导渠道

（一）预期传导渠道

预期传导渠道指影响微观主体对于通胀率、利率、价格、消费等的预期，进而影响货币政策传导过程，直至影响最终目标的货币政策传导渠道。预期传导渠道比前述传导渠道更复杂，因为预期传导渠道没有单一的、明确的传导路径，可能是依附于其他很多传导路径发挥作用。

预期传导渠道也可以被视作央行沟通渠道，即中央银行通过信息披露行为影响公众预期，进而影响货币政策的传导过程。这一思想在 21 世纪初已有体现（Morris 和 Shin，2002；Svensson，2003），Woodford（2001）甚至略有夸张地表示货币政策的本质是管理预期的艺术。

最典型的预期传导渠道是前瞻性指引政策。中央银行通过向社会公众做出有关未来货币政策利率的承诺，推动长期利率下降（以及通货膨胀率上升）。这一举措在 2008 年全球金融危机之后被频繁使用。可以看出，在这一过程中，央行通过预期传导渠道影响了利率传导体系中货币政策的效果向长期利率的传导，强化了利率传导体系的作用。

在危机期间为市场提供信心的货币政策相关举措也可以归类为货币政策预期传导渠道发挥作用的工具。由于银行业系统可能因为自我实现而爆发（和加剧）危机，其运行中总存在正常运行与危机的多种均衡选择，而银行业危机的出现与社会公众的信心有关，所以中央银行通过预期传导渠道可以在一定程度上避免恐慌所带来的问题，防范系统性风险。

（二）银行风险承担渠道

银行风险承担渠道指的是通过影响银行的风险承担决策来最终影响经济总产出的货币政策传导渠道（Borio 和 Zhu，2012；Adrian 和 Shin，2009）。具体来看，宽松货币政策所导致的低利率可能通过合同或制度安排增强资产管理者的风险偏好（Rajan，2005），也可能影响抵押品估值和企业现金流，进而影响银行对违约情况的估计（Borio 和 Zhu，2008），最终使得银行信贷发放增加。

尽管商业银行风险承担渠道能够增强货币政策的传导效果，但是商业银行降低风险偏好的行为也会产生负面作用。一方面，货币政策扩张会导致信贷泡沫扩大，使得资金被配置至高风险领域；另一方面，商业银行降低风险偏好的行为会削弱货币政策的传导效果。

值得注意的是，货币政策不仅会影响银行资产的实际表现，还会影响银行交易账户风险敞口以市场计价的会计价值。根据风险敞口和期限缺口的不同，这会引起银行的账面利润或损失，使银行资本水平上升或面临财务压力（Silva 等，2020），而这一效应可能会通过银行之间的交易网络蔓延。

（三）非常规货币政策传导的启示

在发生金融危机或面临零利率下限时，中央银行难以使用调整名义利率的货币政策工具，这时发达国家往往会采取非常规货币政策来保证货币政策的有效性。这里的"非常规货币政策"指的是中央银行直接向私人部门或政府提供贷款或购买其债券，以保证家庭、企业及政府的融资。非常规货币政策工具包括量化宽松政策和负利率政策等。

量化宽松政策的具体操作包括直接进行资产购买和扩大合格担保品的范围。在金融市场接近失灵的危机期间，量化宽松政策可以直接降低长期无风险利率和风险溢价，起到常规的利率传导体系在危机期间无法起到的作用。量化宽松政策还可以支持经济复苏和物价稳定，避免经济体陷入严重萧条。

量化宽松政策可以向持有较多风险资产的私人部门提供流动性，减少危机期间的金融摩擦。在危机期间，市场为了避险，对低风险资产的需求上升，不同资产类别之间的套利行为被限制，而量化宽松政策能够直接支持私人部门资产负债表，借此维护金融市场的平稳运行。

量化宽松政策有较高的政策成本，不仅会加剧金融机构的道德风险和金融市场的系统性风险（Cecioni 等，2011），还会威胁中央银行的独立性（Borio 和 Disyatat，2009）。量化宽松政策的高成本意味着其只能作为"非常规"时期的手段，而不宜作为常规货币政策操作。

负利率政策是中央银行对商业银行在央行的存款实施负利率，促使商业银行减少超额准备金，增加贷款发放，以刺激经济增长。本质上，负利率政策能够绕过零利率下限的约束，实现低利率时的货币扩张。看起来，负利率政策的传导渠道似乎与利率传导体系、信贷传导体系中的渠道并无二致，但是现实中负利率政策的实施过程中混杂着各类金融摩擦，场景更为复杂。

六、如何构建运行通畅的传导体系

（一）中国货币政策传导体系现状

中国货币政策传导体系正处于从数量型货币政策向价格型货币政策转型的货币政策改革之中，所以中国同时使用数量型货币政策和价格型货币政策，利率传导体系、信贷传导体系、资产价格传导体系等多种传导体系并重。Li 等（2021）的实证研究发现：信贷传导渠道仍然是中国货币政策传导的最重要的渠道，货币政策通过该渠道发挥的效果占 2019 年中国货币政策效果的 42%；可喜的是，利率传导体系建设的效果已经逐渐显现，利率传导渠道的效果占货币政策传导的整体效果的比重由 2000 年的 17% 提升至 2019 年的 31%；资产价格渠道的传导效果在 2019 年已经达到货币政策传导的整体效果的 20%。整体而言，货币政策传导领域的市场化改革卓有成效，但是市场分割等问题仍然在一定程度上存在，所以货币政策传导体系建设仍然需要关注利率形成等过程中的市场化机制。

1. 中国利率传导体系现状

经过 30 余年的持续推进，中国的利率传导体系已基本形成。中国现行的货币政策利率传导体系中，短期利率的传导路径是"逆回购等操作—短期利率"，而中长期利率的传导路径是"MLF—LPR—中长期利率"。

中国的短期利率受到逆回购操作的直接影响。中国人民银行通过逆回购操作向市场投放流动性，以 7 天逆回购利率为短期政策利率，影响银行间市场短期利率（如银行间短期市场基准利率 DR007 等）

及各类货币市场利率。逆回购操作可以保证银行间市场资金的合理充裕。逆回购操作的利率相对稳定，受到中央银行的直接影响，能够影响一级交易商的边际资金成本，进而影响金融机构的资金拆入拆出等行为，最终影响银行间市场的短期利率。

当前中国的利率走廊的主要作用并不是作为短期利率传导路径，而是将短期利率的波动限制在合理范围内。中国的短期利率的波幅由以 SLF 利率为上限、以超额准备金利率（IOER）为下限的利率走廊框定。如果银行间市场短期利率高于 SLF 利率，那么需要资金的金融机构可以选择通过 SLF 从中国人民银行获取资金；如果银行间市场短期利率低于 IOER，那么供给资金的金融机构可以选择将资金存入中国人民银行来获取利息，这就保证了银行间市场短期利率在利率走廊内波动。在实践中，SLF 利率和 IOER 相差较大，且调整频率较低（见图 5-1），所以中国的利率走廊的主要作用是平抑短期利率的大幅波动，而不是影响短期利率的走势。

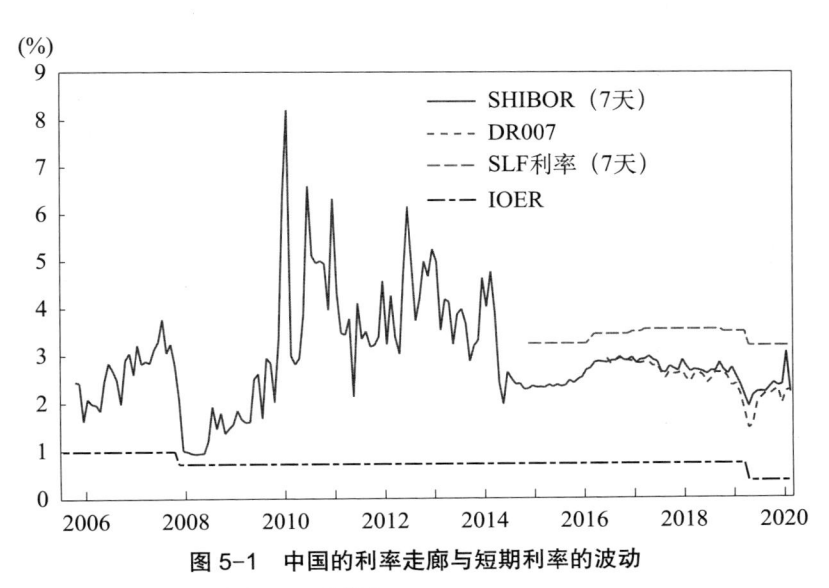

图 5-1 中国的利率走廊与短期利率的波动

资料来源：原始数据来自 CEIC 数据库。

当前中国的中长期利率的传导路径是"MLF—LPR—中长期利率",主要依赖 MLF 而不是利率期限结构的传导。这样的货币政策安排是出于对货币政策传导效率的考虑,因为在中国债券市场不够发达的现状下,从短期利率向长期利率传导的利率期限结构传导渠道不够通畅(见图 5-2),银行间短期利率常常不是中长期利率(国债收益率)的格兰杰原因。

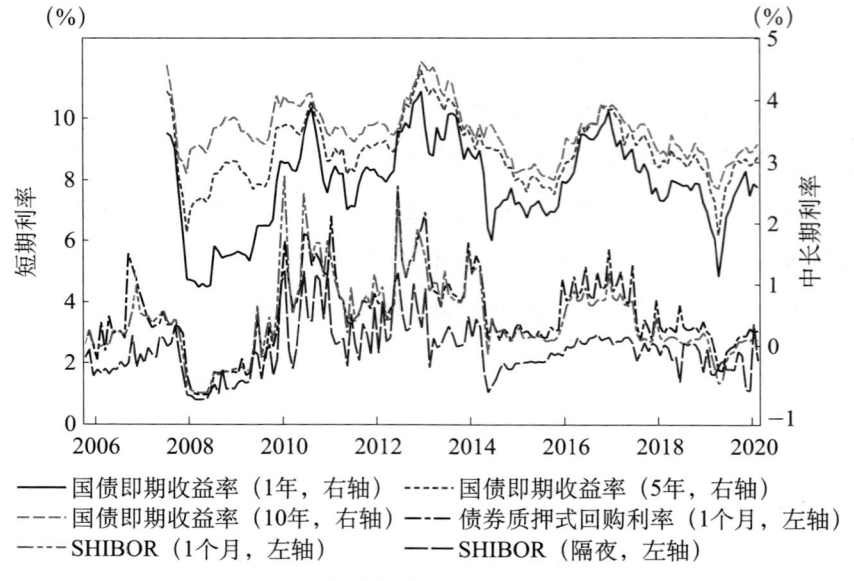

图 5-2 银行间市场利率与债券利率

资料来源:原始数据来自 CEIC 数据库。

MLF 为符合宏观审慎要求的商业银行或政策性银行提供中期基础货币(1年或5年),影响中长期资金市场中的资金供求关系,进而影响中长期市场利率;由于中国人民银行通过控制投放量的方式影响MLF 的中标利率,所以 MLF 的中标利率较为稳定,该利率直接影响金融机构的中期资金的边际成本,进而影响中期市场利率。

从中国人民银行的 MLF 投放决策到中长期利率,LPR 是传导过程中的关键一环。在 2019 年 8 月中国人民银行进行 LPR 改革之后，LPR 的形成方式是报价行根据对该行的最优质客户的贷款利率，在 MLF 利率的基础上综合考虑资金成本和风险溢价而加点形成。由于 LPR 和 MLF 利率之差较为稳定（见图 5-3），所以 LPR 有效传导了货币政策的影响。LPR 作为贷款市场报价利率，是个人住房贷款利率等中长期利率的基准，所以 LPR 能够直接影响金融市场中的中长期利率。"MLF—LPR—中长期利率"这一货币政策传导渠道安排保证了货币政策对中长期利率的影响，自出现至今既有效地降低了贷款的实际利率，也增强了贷款利率和债券利率之间的相互影响（易纲，2021）。

图 5-3 MLF 利率与 LPR 的利差

资料来源：原始数据来自 CEIC 数据库。

2. 中国信贷传导体系现状

中国现行货币政策的信贷传导体系中，法定存款准备金率要求（包括定向降准）依然占据着较为重要的地位。中国银行体系的超额准备金率水平基本稳定，这意味着法定存款准备金率能够有效地影响货币乘数，进而影响货币供应乃至企业投融资。由于法定存款准备金率的操作不灵活，其整体调整往往会加剧经济波动，而调整的间隔也较大，无法与可以每天进行的公开市场操作的灵活性相比，因此，现在法定存款准备金率工具的使用也相对减少了。

尽管信贷传导体系的重要地位有逐渐被利率传导体系取代的趋势，但是信贷传导体系逐渐承担了更多结构化任务，其主要代表是定向降准工具和新型贴现贷款工具的使用。2018—2020年，我国中小型存款类金融机构的法定存款准备金率明显下降（见图5-4），服务实体经济、民营企业的金融机构的融资成本降低，对实体经济的扶持力度加大。在货币政策的信贷传导体系中，中国人民银行依靠新型贴现贷款工具（如TMLF和PSL等）实施结构性货币政策，有针对性地为中小微企业和部分产业提供资金支持。中国人民银行的再贷款工具也逐渐转变为支持小型企业、农业或扶贫工作的结构性货币政策工具。

图5-4 中国法定存款准备金率变化

资料来源：原始数据来自CEIC数据库。

3. 中国资产价格传导体系现状

中国现行的资产价格传导体系以股价为重要的资产价格变量，通过影响上市公司的股价影响上市公司的投融资行为。但是，中国的股票价格传导体系的作用仍然不甚明显，股票价格对经济增长等货币政策最终目标的影响相对较小（见图5-5）。一方面，资产价格渠道主要影响上市企业的股权融资行为，但是上市企业的范围相对较小，而且融资渠道较为丰富，所以资产价格渠道对于中国企业整体融资的影响较小；另一方面，中国的金融体系依然以银行体系为主导，而资本市场的建设正在逐渐展开，股票市场的定价存在诸多问题（例如受投资者情绪影响大、股市定价效率低等）。

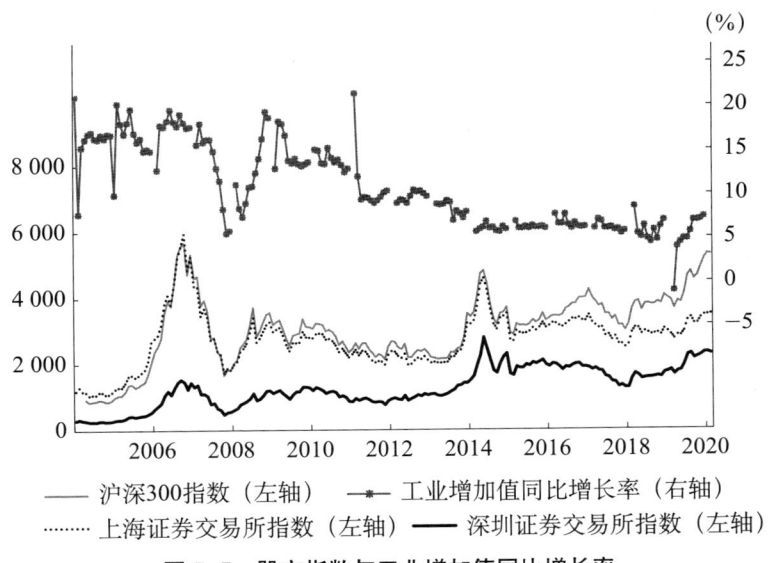

图 5-5 股市指数与工业增加值同比增长率

资料来源：原始数据来源于 CEIC 数据库。

中国资产价格传导体系中的重要组成部分是房地产价格传导渠道。与西方发达国家的传导渠道中房地产价格主要影响家庭部门的资产负债表不同，中国的房地产价格还能明显地影响中国的信贷资源配置情况乃至实体企业的融资约束状况。也就是说,中国货币政策能通过房地产价格渠道影响家庭部门的消费和企业部门的产出,在宏观调控中占据了重要地位。

总体而言,中国现行的货币政策传导体系能够在一定程度上完成货币政策传导的功能,但是依然有继续建设和发展的空间。

(二)市场化改革与现代货币政策传导体系建设

推动利率市场化改革,建设市场化的利率传导体系,是现代货币政策传导体系建设的重要方向。中国人民银行行长易纲在《人民日报》上发表的《建设现代中央银行制度》一文诠释了"十四五"规划为新时代中央银行工作所指明的方向,指出应该"以深化利率市场化改革为抓手疏通货币政策传导机制,更好服务实体经济"。该文中关于货币政策传导体系的具体举措的论述包括:"……引导市场利率围绕央行政策利率为中枢波动。深化贷款市场报价利率改革,带动存款利率逐步走向市场化,使央行政策利率通过市场利率向贷款利率和存款利率顺畅传导。破除贷款利率隐形下限,引导金融资源更多配置至小微、民营企业,提高小微、民营企业信贷市场的竞争性,从制度上解决小微、民营企业融资难融资贵问题。"

利率市场化改革不仅是货币政策传导体系建设中需要改善的内容,而且是提升货币政策传导效果的重要起点。深化利率市场化改革要求健全市场体系基础制度,构建更加完善的要素市场化配置体制机制,国有企业与民营企业、大型企业与中小微企业在产品市场和要素市场上充分、有序地竞争。这意味着政府隐性担保等问题得到缓解,产权界定明晰,商业银行能够更好地通过审慎地评估风险与收益,在满足宏观审慎与微观审慎监管要求的前提下决定信贷资源流向,改善通过向大型国有企业贷款维持事前低风险资产组合的模式

（Li等，2020）。此外，商业银行的风险管理水平的提升也能够推动银行间市场的期限套利行为，有助于货币政策效果在利率期限结构上的传导。

（三）中国货币政策传导体系的改革措施

可以考虑以理论上通畅高效的货币政策传导体系为蓝本，促进中国货币政策传导体系朝以下几个方向完善：

1.明确中国人民银行的独立性，构建合理的常态化信息披露机制

建设完善通畅的中国货币政策传导体系，首先需要确立中国人民银行的独立性，以明确中国货币政策传导机制和货币政策工具的选择空间。中央银行的较高独立性能够提高货币政策的效果，维持币值稳定。

现在的中国人民银行在货币政策决定和财务预算管理制度方面具有相对独立性。尽管从理论上来看，这种相对独立性既可能导致中央银行因承担的政策目标过多而影响首要目标的实现，也可能有助于货币政策、财政政策、产业政策等的协调配合，是一把双刃剑。但是，从实践上来看，中国人民银行的独立性相比发达国家的中央银行较低的负面影响更加明显，中央银行的职能目标之间彼此冲突、货币政策的决策主体较多等问题都会影响货币政策传导的结果。现在中国人民银行的职能相对较多，而需要实现多重目标的现代中央银行往往面临着政策工具不足、沟通困难等问题。作为发展中经济体，中国的不断改革转型使得央行必然要同时承担多种职能，但这终归会减损货币政策的效率，使得币值稳定的目标受到影响。

中国人民银行应该构建合理的、常态化的信息披露机制，一方面减少其自身所拥有的私人信息导致的与市场公众的信息不对称问题，

能够熨平货币政策发布时信息效应所引起的市场波动，也有利于提升市场定价效率；另一方面通过央行与社会公众之间的沟通，帮助社会公众及时理解复杂的货币政策，进而通过影响市场预期达到货币政策目标。

2. 完善利率传导体系要求完善债券市场的利率期限结构，疏通货币政策从短期利率向中长期利率的传导渠道

虽然中国现行利率传导体系在一定程度上有效地实现了货币政策的效果，但是如果想要货币政策更加高效、稳定地通过利率渠道传导，那么构建整合的、能够使短期利率传导至长期利率的货币政策利率传导体系就很有必要。

完善利率传导体系要求完善债券市场的利率期限结构，培育金融机构的跨期套利和资产配置行为，疏通货币政策从短期利率向中长期利率传导的渠道。具体来说，可以采取如下举措：第一，大力发展国债市场，提高国债市场的深度，扩大短期国债在中国国债存量中的比例，合理地调整国债税制。第二，鼓励金融机构的合理跨期套利操作，在商业银行的监管考核实践中放松对相关资产组合的监管。第三，整合债券市场，协调监管机构职能，实现银行间市场和交易所市场的套利乃至整合。第四，加强债券市场投资者保护。

3. 提高逆回购和MLF等货币政策工具的市场化程度

随着现代货币政策传导体系的逐渐完善，有必要重新审视公开市场操作和贴现贷款工具（包括新型货币政策工具）的操作模式并尝试让其市场化，尤其是让逆回购、MLF等公开市场操作的价格（利率）形成机制进一步市场化。

首先，公开市场操作在公开市场业务一级交易商的范围内通过市场机制决定中标价格，贴现贷款工具由符合条件的金融机构申请，在这一过程中，市场机制决定了货币政策工具的"价"或"量"。中央

银行同时干预"价"和"量"的努力，是绕过这一过程的市场机制，直接对部分金融机构进行补贴（利率低于市场利率）的举措，尽管看似兼具总量调控和结构调整的作用，但依然是行政手段挤出市场机制的典型表现。

其次，在债券市场中，商业银行等微观主体的期限套利行为和流动性管理行为将会影响债券的期限溢价，使货币政策得以从短期利率传导至中长期利率。该过程既是商业银行管理流动性的过程，也是微观信息在市场中表现出来，以供货币当局了解经济金融状况的重要途径。这一过程要求逐步减少对直接干预中长期利率的货币政策工具（尤其是 MLF）的依赖。

4. 明确结构性货币政策的功效和使用目的，合理使用结构性货币政策

中国当前的货币政策信贷传导体系中解决金融系统放贷意愿较弱这一问题的重要措施之一就是使用结构性货币政策，这相当于向某些支持实体企业的金融机构转移支付。但是，通过结构性货币政策只能暂时性地为实体企业提供流动性，长期来看信贷市场中的信息不对称问题仍然没有得到解决，在这一前提下，结构性货币政策可能会造成持续的监管套利和市场扭曲。

提高信贷市场的资金配置能力需要从信息不对称的角度下手，通过税收征管、银税互动等配套措施增强银行系统获得信息的能力，降低银行系统向实体经济放贷的风险，进而降低银行的不良贷款率，增强银行向中小微企业放贷的意愿。此外，也需要降低实体经济面临的不确定性，尤其是经济政策和贸易政策的不确定性水平，以降低信贷市场的逆向选择程度，扩大信贷市场中优质企业的比例。

5. 培育货币政策传导的市场基础，发展多层次金融市场

各个层次的金融市场是现代货币政策传导的市场基础，发挥经济主体的主观能动性离不开健全的金融市场。利率传导体系和资产价格传导体系直接依赖于完善的金融市场，而信贷传导体系的有效运行也需要商业银行合理权衡风险和收益，考虑银行间市场的资金融通功能。

中国的金融市场建设卓有成效，但是目前仍然存在市场分割、市场深度不足、金融机构的竞争力不强等问题，这些问题制约了货币政策的传导。为了解决这些问题，需要相应地采取以下举措：

第一，合理地减少不同市场之间的监管壁垒，包括货币市场和资本市场的价格隔离、银行间市场和交易所市场的参与者分离等，削弱影子银行体系对货币政策传导的阻碍作用（Chen等，2018）；加强投资者保护和资本市场监管，使各类资产（尤其是房地产）的风险调整后预期收益率更加合理，减缓金融市场的结构性失衡问题。

第二，提高金融市场深度，增强债券和各类衍生品的流动性，进一步完善国债收益率曲线的市场基础，以完善利率传导体系；推动股票市场的注册制改革，提高资本市场的价格发现能力，以增强资产价格渠道的传导作用。

第三，培养金融机构的风险管理能力，通过合理的金融对外开放来推动国内金融机构提高风险定价能力，使社会完全摒弃"刚性兑付"和地方政府隐性担保的风险思维，让国内金融机构的风险定价能力追赶国际先进水平。

总结来看，建设通畅高效的货币政策传导体系，需要明确现代货币政策传导体系的微观基础，坚持发挥货币政策的宏观调控能力和市场的资源配置作用，合理地疏通传导体系中的具体环节。

参考文献

[1] 卞志村,赵亮,丁慧.货币政策调控框架转型、财政乘数非线性变动与新时代财政工具选择.经济研究,2019,54(9):56-72.

[2] 陈梦涛,王维安.我国非常规货币政策机理及政策效果研究.华东经济管理,2020,34(8):1-16.

[3] 陈长石,刘晨晖.棚户区改造、非常规货币政策与房地产价格.财贸经济,2019,40(7):143-159.

[4] 戴根有.中国央行公开市场业务操作实践和经验.金融研究,2003(1):55-65.

[5] 杜莉,沈建光,潘春阳.房价上升对城镇居民平均消费倾向的影响:基于上海市入户调查数据的实证研究.金融研究,2013(3):44-57.

[6] 郭豫媚,周璇.央行沟通、适应性学习和货币政策有效性.经济研究,2018,53(4):77-91.

[7] 何东,王红林.利率双轨制与中国货币政策实施.金融研究,2011(12):1-18.

[8] 侯成琪,龚六堂.食品价格、核心通货膨胀与货币政策目标.经济研究,2013,48(11):27-42.

[9] 侯成琪,龚六堂.部门价格粘性的异质性与货币政策的传导.世界经济,2014,37(7):23-44.

[10] 黄静,屠梅曾.房地产财富与消费:来自家庭微观调查数据的证据.管理世界,2009(7):35-45.

[11] 贾玉革.我国现行货币政策工具比较分析.中央财经大学学报,1999

（9）：37-42.

[12] 江曙霞，江日初，吉鹏.麦克勒姆规则及其中国货币政策检验.金融研究，2008（5）：35-47.

[13] 况伟大.房价变动与中国城市居民消费.世界经济，2011，34（10）：21-34.

[14] 李宏瑾.存款准备金制度起源、功能演进及启示.金融评论，2020，12（3）：27-52+124.

[15] 李宏瑾.货币政策两分法、操作（中间）目标与货币调控方式.金融评论，2019，11（3）：1-17+123.

[16] 李宏瑾，苏乃芳.中国隐性利率双轨制及其对市场利率的影响.财经问题研究，2018（8）：42-50.

[17] 李宏瑾，苏乃芳，洪浩.价格型货币政策调控中的实际利率锚.经济研究，2016，51（1）：42-54.

[18] 李宏瑾，项卫星.中央银行基准利率、公开市场操作与间接货币调控：对央票操作及其基准利率作用的实证分析.财贸经济，2010（4）：13-19+46+136.

[19] 刘红忠，童小龙，张卫平.中国货币政策的经验性分析：从数量型调控向价格型调控演进.复旦学报（社会科学版），2020，62（2）：164-179.

[20] 刘康.创新直达实体经济的货币政策工具.中国金融，2020（12）：70-71.

[21] 刘元春，李舟.后危机时代非常规货币政策理论的兴起、发展及应用.教学与研究，2016（4）：54-64.

[22] 龙少波，陈璋，胡国良.货币政策、房价波动对居民消费影响的路径研究.金融研究，2016（6）：52-66.

[23] 马骏，施康，王红林，等.利率传导机制的动态研究.金融研究，2016（1）：31-49.

[24] 马骏，王红林.政策利率传导机制的理论模型.金融研究，2014（12）：1-22.

[25] 孟建华.中国货币政策的选择与发展.北京：中国金融出版社，2005.

[26] 苏乃芳，张文韬.美联储货币政策框架的演变及启示.西南金融，2021（2）：3-12.

[27] 王国刚.中国货币政策调控工具的操作机理：2001—2010.中国社会科学，2012（4）：62-82.

[28] 王少林, 林建浩. 央行沟通的可信性与通货膨胀预期. 统计研究, 2017, 34 (10): 54-65.

[29] 王曦, 汪玲, 彭玉磊, 等. 中国货币政策规则的比较分析: 基于DSGE模型的三规则视角. 经济研究, 2017, 52 (9): 24-38.

[30] 伍戈, 李斌. 货币数量、利率调控与政策转型. 北京: 中国金融出版社, 2016.

[31] 伍戈, 连飞. 中国货币政策转型研究: 基于数量与价格混合规则的探索. 世界经济, 2016, 39 (3): 3-25.

[32] 夏斌, 廖强. 货币供应量已不宜作为当前我国货币政策的中介目标. 经济研究, 2001 (8): 33-43.

[33] 谢多. 公开市场业务实践与货币政策操作方式转变. 经济研究, 2000 (5): 31-38, 46.

[34] 谢洁玉, 吴斌珍, 李宏彬, 等. 中国城市房价与居民消费. 金融研究, 2012 (6): 13-27.

[35] 徐忠. 经济高质量发展阶段的中国货币调控方式转型. 金融研究, 2018 (4): 1-19.

[36] 杨英杰. 泰勒规则与麦克勒姆规则在中国货币政策中的检验. 数量经济技术经济研究, 2002 (12): 97-100.

[37] 易纲. 中国改革开放三十年的利率市场化进程. 金融研究, 2009 (1): 1-14.

[38] 易纲. 中国的利率体系与利率市场化改革. 金融研究, 2021 (9): 1-11.

[39] 殷兴山, 易振华, 项燕彪. 总量型和结构型货币政策工具的选择与搭配: 基于结构性去杠杆视角下的分析. 金融研究, 2020 (6): 60-77.

[40] 张成思. 通货膨胀目标错配与管理研究. 世界经济, 2011 (11): 67-83.

[41] 张成思, 计兴辰. 善言为贤: 货币政策前瞻性指引的中国实践. 国际金融研究, 2017 (12): 3-16.

[42] 张成思, 牟鹏飞. 中国货币政策的媒体沟通. 金融评论, 2018, 10 (6): 19-33.

[43] 张成思, 田涵晖. 通货膨胀结构性分化与货币政策反应机制. 世界经济, 2020, 43 (9): 3-26.

[44] 张龙, 殷红, 王擎. 数量型还是价格型: 来自货币政策"非线性"有效性的经验证据. 中国工业经济, 2020 (7): 61-79.

[45] 张晓慧. 三十而立四十不惑：从存款准备金变迁看央行货币调控演进. 中国金融，2018（23）：38-43.

[46] 周小川. 新世纪以来中国货币政策的主要特点. 西部金融，2013（3）：4-10.

[47] 周小川. 央行将采取多目标制 维持物价稳定高度优先. 在国际货币基金组织华盛顿会议上的演讲，2016.

[48] 周小川. 拓展通货膨胀的概念与度量. 中国金融，2020（24）：9-11.

[49] Adrian T, Shin H S. Money, liquidity, and monetary policy. *American Economic Review*, 2009, 99(2): 600-605.

[50] Altunbas Y, Fazylov O, Molyneux P. Evidence on the bank lending channel in Europe. *Journal of Banking & Finance*, 2002, 26(11): 2093-2110.

[51] Amato J D, Laubach T. The value of interest rate smoothing: How the private sector helps the Federal Reserve. *Economic Review*, 1999（84）: 47-64.

[52] Anand R, Prasad E S, Zhang B. What measure of inflation should a developing country central bank target?. *Journal of Monetary Economics*, 2015（74）: 102-116.

[53] Ando A, Modigliani F. The "life cycle" hypothesis of saving: Aggregate implications and tests. *American Economic Review*, 1963, 53(1): 55-84.

[54] Angeloni I, Kashyap A K, Mojon B, et al. The output composition puzzle: A difference in the monetary transmission mechanism in the euro area and US. *Journal of Money, Credit and Banking*, 2003, 35(6): 1265-1306.

[55] Aoki K. Optimal monetary policy responses to relative-price changes. *Journal of Monetary Economics*, 2001, 48(1): 55-80.

[56] Ball L. Efficient rules for monetary policy. NBER Working Papers, 1997, No. 5952.

[57] Ball L. Policy rules for open economies. In J. B. Taylor (eds.), *Monetary Policy Rules*. Chicago: University of Chicago Press, 1999.

[58] Barro R J, Gordon D B. Rules, discretion and reputation in a model of monetary policy. *Journal of Monetary Economics*, 1983, 12(1): 101-121.

[59] Basistha A, Kurov A. Macroeconomic cycles and the stock market's reaction to monetary policy. *Journal of Banking & Finance*, 2008, 32(12): 2606-2616.

[60] Bean C. Asset prices, financial imbalances and monetary policy. *American Economic Review*, 2003, 94(2): 14-18.

[61] Benigno P. Optimal monetary policy in a currency area. *Journal of international economics*, 2004, 63(2): 293-320.

[62] Berben R P, Locarno A, Morgan J B, et al. Cross-country differences in monetary policy transmission. ECB Working Paper Series, 2004, no. 400.

[63] Berg K A, Curtis C C, Lugauer S, et al. Demographics and monetary policy shocks. *Journal of Money, Credit and Banking*, 2021, 53(6): 1229-1266.

[64] Bernanke B S. The new tools of monetary policy. *American Economic Review*, 2020, 110(4): 943-983.

[65] Bernanke B S, Gertler M, Gilchrist S. The financial accelerator in a quantitative business cycle framework. *Handbook of Macroeconomics*, 1999（1）: 1341-1393.

[66] Bernanke B S, Kiley M T, Roberts J M. Monetary policy strategies for a low-rate environment. AEA Papers and Proceedings, 2019（109）: 421-26.

[67] Bernanke B S, Blinder A S. Credit, money, and aggregate demand. *American Economic Review*, 1988, 78(2): 435-439.

[68] Bernanke B S. The federal funds rate and the channels of monetary transmission. *American Economic Review*, 1990, 82(4): 901-921.

[69] Bernanke B S, Gertler M. Agency costs, net worth and the channels of monetary transmission. *American Economic Review*, 1989, 79(1): 14-31.

[70] Bernanke B S, Gertler M. Inside the black box: The credit channel of monetary policy transmission. *Journal of Economic Perspectives*, 1995, 9(4): 27-48.

[71] Bernanke B S, Laubach T, Mishkin F S, Posen A S. *Inflation Targeting: Lessons from the International Experience*. Princeton: Princeton University Press, 2001.

[72] Beyer A, Nicoletti G, Papadopoulou N, et al. The transmission channels of monetary, macro-and microprudential policies and their interrelations. ECB Occasional Paper, 2017.

[73] Blanchard O, Galí J. Real wage rigidities and the New Keynesian model. *Journal of Money, Credit and Banking*, 2007（39）: 35-65.

[74] Blanchard O, Dell'Ariccia G, Mauro P. Rethinking macroeconomic policy.

Journal of Money, Credit and Banking, 2010（42）: 199-215.

[75] Bleck A, Liu X. Credit expansion and credit misallocation. *Journal of Monetary Economics*, 2018, 94(1): 27-40.

[76] Blenck D, Hasko H, Hilton S, et al. The main features of the monetary policy frameworks of the Bank of Japan, the Federal Reserve and the Eurosystem. BIS papers, 2001（9）: 23-56.

[77] Boivin J, Kiley M T, Mishkin F S. How has the monetary transmission mechanism evolved over time?. *Handbook of Monetary Economics*, 2010（3）: 369-422.

[78] Borio C, Disyatat P. Unconventional monetary policies: An appraisal. BIS Working Papers, No. 292, 2009.

[79] Borio C, Zhu H. Capital regulation, risk-taking and monetary policy: A missing link in the transmission mechanism?. BIS Working Papers, No. 268, December 2008.

[80] Bryant R, Hooper P, Mann C L. Evaluating policy regimes: New research in empirical macroeconomics. Brookings Institution Press, 1993.

[81] Bullard J B. The Fed's new monetary policy framework one year later. *The Regional Economist*, 2021.

[82] Calvo G A. Staggered prices in a utility-maximizing framework. *Journal of Monetary Economics*, 1983, 12(3): 383-398.

[83] Campbell J R, Evans C L, Fisher J D M, et al. Macroeconomic effects of federal reserve forward guidance [with comments and discussion]. Brookings papers on economic activity, 2012: 1-80.

[84] Carroll C D, Otsuka M, Slacalek J. How large are housing and financial wealth effects? A new approach. *Journal of Money, Credit and Banking*, 2011, 43(1): 55-79.

[85] Cecioni M, Ferrero G, Secchi A. Unconventional monetary policy in theory and in practice. Bank of Italy Occasional Papers, 2011(102): 1-40.

[86] Chaney T, Sraer D, Thesmar D. The collateral channel: How real estate shocks affect corporate investment. *American Economic Review*, 2012, 102(6): 2381-2409.

[87] Chen H, Li R, Tillmann P. Pushing on a string: State-owned enterprises

and monetary policy transmission in China. *China Economic Review*, 2019 (54): 26-40.

[88] Chen K, Wen Y. The great housing boom of China. *American Economic Journal: Macroeconomics*, 2017, 9(2): 73-114.

[89] Chen K, Ren J, Zha T. The nexus of monetary policy and shadow banking in China. *American Economic Review*, 2018, 108(12): 3891-3936.

[90] Clarida R. The global factor in neutral policy rates: Some implications for exchange rates, monetary policy, and policy coordination. *International Finance*, 2019, 22(1): 2-19.

[91] Clarida R H. The Federal Reserve's New Framework and Outcome-Based Forward Guidance, speech delivered at "SOMC: The Federal Reserve's New Policy Framework," a forum sponsored by the Manhattan Institute's Shadow Open Market Committee, New York (via webcast), April. 2021, 14.

[92] Clarida R, Galí J, Gertler M. The science of monetary policy: A new Keynesian perspective. *Journal of Economic Literature*, 1999, 37(4): 1661-1707.

[93] Clarida R, Galí J, Gertler M. Monetary policy rules and macroeconomic stability: Evidence and some theory. *The Quarterly Journal of Economics*, 2000, 115(1): 147-180.

[94] Clarida R, Galí J, Gertler M. Monetary policy rules in practice: Some international evidence. *European Economic Review*, 1998, 42(6): 1033-1067.

[95] Cloyne J, Ferreira C, Surico P. Monetary policy when households have debt: New evidence on the transmission mechanism. *The Review of Economic Studies*, 2020, 87(1): 102-129.

[96] Cong L W, Gao H, Ponticelli J, et al. Credit allocation under economic stimulus: Evidence from China. *The Review of Financial Studies*, 2019, 32(9): 3412-3460.

[97] Deng Y, Morck R, Wu J, et al. China's pseudo-monetary policy. *Review of Finance*, 2015, 19(1): 55-93.

[98] Eggertsson G B, Woodford M. Zero bound on interest rates and optimal monetary policy. *Brookings Papers on Economic Activity*, 2003(1): 139-233.

[99] Erceg C, Levin A. Qptimal monetary policy with durable consumption goods. *Journal of Monetary Economics*, 2006, 53(7): 1341-1359.

[100] Eusepi S, Hobijn B, Tambalotti A. CONDI: A cost-of-nominal-distortions index. *American Economic Journal: Macroeconomics*, 2011, 3(3): 53-91.

[101] Feinman J N. Reserve requirements: History, current practice, and potential reform. *Federal Reserve Bulletin*, 1993(79): 569.

[102] Fischer S. The role of macroeconomic factors in growth. *Journal of Monetary Economics*, 1993, 32(3): 485-512.

[103] FOMC. Minutes of the Federal Open Market Committee June 9-10, 2020.

[104] Friedman B M. The role of interest rates in Federal Reserve policy-making. National Bureau of Economic Research Working Paper Series, 2000, No. 8047.

[105] Friedman B M, Kuttner K N. Implementation of monetary policy: How do central banks set interest rates?. *Handbook of Monetary Economics*, 2010(3): 1345-1438.

[106] Friedman M. The role of monetary policy. *Essential Readings in Economics*, 1968, 58(1): 215-231.

[107] Friedman M. The quantity theory of money: A restatement. In Friedman M. *Studies in the Quantity Theory of Money*. Chicago: University of Chicago Press, 1956.

[108] Friedman M. A theoretical framework for monetary analysis. *Journal of Political Economy*, 1970, 78(2): 193-238.

[109] Friedman M. A monetary and fiscal framework for economic stability. *American Economic Review*, 1948, 38(3): 245-264.

[110] Friedman M. The monetary theory and policy of Henry Simons. *The Journal of Law and Economics*, 1967, 10(1): 1-13.

[111] Galí J. *Introduction to Monetary Policy, Inflation, and the Business Cycle: An Introduction to the New Keynesian Framework*. Princeton: Princeton University Press, 2008.

[112] Gan J. The real effects of asset market bubbles: Loan-and firm-level evidence of a lending channel. *The Review of Financial Studies*, 2007, 20(6): 1941-1973.

[113] Gerlach S, Smets F. The monetary transmission mechanism: Evidence from the G-7 countries. BIS Working Paper, no. 26, 1995.

[114] Glasner D. Rules versus discretion in monetary policy historically contemplated. *Journal of Macroeconomics*, 2017(54): 24-41.

[115] Hamilton J D. Measuring the liquidity effect. *American Economic Review*, 1997, 87(1): 80-97.

[116] Hanson S G, Stein J C. Monetary policy and long-term real rates. *Journal of Financial Economics*, 2015, 115(3): 429-448.

[117] He D, Wang H. Dual-track interest rates and the conduct of monetary policy in China. *China Economic Review*, 2012, 23(4): 928-947.

[118] Hicks J R. Mr. Keynes and the "classics": A suggested interpretation. *Econometrica: Journal of the Econometric Society*, 1937: 147-159.

[119] Huang K X D, Liu Z. Inflation targeting: What inflation rate to target?. *Journal of Monetary Economics*, 2005, 52(8): 1435-1462.

[120] Ippolito F, Ozdagli A K, Perez-Orive A. The transmission of monetary policy through bank lending: The floating rate channel. *Journal of Monetary Economics*, 2018(95): 49-71.

[121] Ireland P N. Does the time-consistency problem explain the behavior of inflation in the United States?. *Journal of Monetary Economics*, 1999, 44(2): 279-291.

[122] Ireland P N. The Monetary Transmission Mechanism. Federal Reserve Bank of Boston Working Papers 06-1, 2005.

[123] Jayaratne J, Morgan D P. Capital market frictions and deposit constraints at banks. *Journal of Money, Credit and Banking*, 2000(32): 74-92.

[124] Kashyap A K, Stein J C. What do a million observations on banks say about the transmission of monetary policy?. *American Economic Review*, 2000, 90(3): 407-428.

[125] King M. The inflation target five years on. Financial Markets Group, London School of Economics, 1998.

[126] Kiyotaki N, Moore J. Credit cycles. *Journal of Political Economy*, 1997, 105(2): 211-248.

[127] Kliesen, Kevin L, Kathryn Bokun. What is yield curve control?. Federal Reserve Bank of St. Louis, 2020.

[128] Krishnamurthy A, Vissing-Jorgensen A. The effects of quantitative

easing on interest rates: Channels and implications for policy. *Brookings Papers on Economic Activity*, 2011: 215-287.

[129] Kuttner K N. Outside the box: Unconventional monetary policy in the great recession and beyond. *Journal of Economic Perspectives*, 2018, 32(4): 121-146.

[130] Kydland F E, Prescott E C. Rules rather than discretion: The inconsistency of optimal plans. *Journal of Political Economy*, 1977, 85(3): 473-491.

[131] Levin A T, Wieland V, Williams J. *Robustness of simple monetary policy rules under model uncertainty*. Chicago: University of Chicago Press, 1999.

[132] Levin A, Wieland V, Williams J C. The performance of forecast-based monetary policy rules under model uncertainty. *American Economic Review*, 2003, 93(3): 622-645.

[133] Li B, Liu Q. On the choice of monetary policy rules for China: A Bayesian DSGE approach. *China Economic Review*, 2017(44): 166-185.

[134] Li H, Ni J, Xu Y, et al. Monetary policy and its transmission channels: Evidence from China. *Pacific-Basin Finance Journal*, 2021(68): 101621.

[135] Li X, Liu Z, Peng Y, Xu Z. Bank risk-taking and monetary policy transmission: Evidence from China. Working Paper Series, Federal Reserve Bank of San Francisco, 2020.

[136] Liu L, Zhang W. A New Keynesian model for analysing monetary policy in Mainland China. *Journal of Asian Economics*, 2010, 21(6): 540-551.

[137] Lucas R. Econometric policy evaluation: A critique. *Carnegie-Rochester Conference Series on Public Policy*, 1976, 1(1): 19-46.

[138] Lucas Jr R E. Expectations and the neutrality of money. *Journal of Economic Theory*, 1972, 4(2): 103-124.

[139] McCallum B. Robustness Properties of a Rule for Monetary Policy. *Carnegie-Rochester Conference Series on Public Policy*, 1988, 29(1): 173-203.

[140] Metzler A. Monetary, credit and other transmission processes: A monetary perspective. *Journal of Ecomomic Perspectives*, 1995, 9(4): 49-72.

[141] Mertens T M, Williams J C. Tying down the anchor: Monetary policy rules and the lower bound on interest rates. Federal Reserve Bank of New York Staff Report, 2019, no. 887.

[142] Mian A, Rao K, Sufi A. Household balance sheets, consumption, and the

economic slump. *The Quarterly Journal of Economics*, 2013, 128(4): 1687-1726.

[143] Mishkin F S. Symposium on the monetary transmission mechanism. *Journal of Economic Perspectives*, 1995, 9(4): 3-10.

[144] Mishkin F S. *The Economics of Money, Banking, and Financial Markets*. New York: Pearson Education, 2007.

[145] Mishkin F S. Monetary policy strategy: Lessons from the crisis. National Bureau of Economic Research Working Paper Series, 2011, No. 16755.

[146] Mishkin F S. 2% Forever? Rethinking the inflation target. In Central Banking in Times of Change: A Compilation of Speeches Delivered in the OeNB's 200th Anniversary Year, 2016.

[147] Modigliani F, Brumberg R. Utility analysis and the consumption function: An interpretation of cross-section data. In Kurihara K (ed), *Post-Keynesian Economics*. New Brunswick: Rutgers University Press, 1954.

[148] Morris S, Shin H S. Social value of public information. *American Economic Review*, 2002, 92(5): 1521-1534.

[149] Moulton B R. Constant elasticity cost-of-living index in share relative form. Bureau of Labor Statistics, Washington DC, December 1996.

[150] Muth J F. Rational expectations and the theory of price movements. *Econometrica: Journal of the Econometric Society*, 1961, 29(3): 315-335.

[151] Nakamura E, Steinsson J. Five facts about prices: A reevaluation of menu cost models. *The Quarterly Journal of Economics*, 2008, 123(4): 1415-1464.

[152] Nakamura E, Steinsson J. Monetary non-neutrality in a multisector menu cost model. *The Quarterly Journal of Economics*, 2010, 125(3): 961-1013.

[153] Nilsen J H. Trade credit and the bank lending channel. *Journal of Money, Credit and Banking*, 2002(34): 227-253.

[154] Orphanides A. Monetary policy rules based on real-time data. *American Economic Review*, 2001, 91(4): 964-985.

[155] Osborne G. Review of the monetary policy framework. Policy paper presented to parliament by the Chancellor of the Exchequer by command of Her Majesty, 2013.

[156] Poole W. Optimal choice of monetary policy instruments in a simple stochastic macro model. *The Quarterly Journal of Economics*, 1970, 84(2): 197-216.

[157] Powell J H. New economic challenges and the Fed's monetary policy review, at "Navigating the Decade Ahead: Implications for Monetary Policy," an economic policy symposium sponsored by the Federal Reserve Bank of Kansas City, Jackson Hole, Wyoming, 2020.

[158] Rajan R. Has financial development made the world riskier?.NBER Working Paper 11728, November 2005.

[159] Roosa R V. Interest rates and the central bank. In Waitzman H L (eds.), *Money, Trade, and Economic Growth: Essays in Honor of John H. Williams*, New York: Macmillan, 1951.

[160] Rudebusch G D. Term structure evidence on interest rate smoothing and monetary policy inertia. *Journal of Monetary Economics*, 2002, 49(6): 1161-1187.

[161] Sack B. Does the Fed act gradually? A VAR analysis. *Journal of Monetary Economics*, 2000, 46(1): 229-256.

[162] Sack B, Wieland V. Interest-rate smoothing and optimal monetary policy: A review of recent empirical evidence. *Journal of Economics and Business*, 2000, 52(1-2): 205-228.

[163] Silva T C, Guerra S M, da Silva M A, et al. Micro-level transmission of monetary policy shocks: The trading book channel. *Journal of Economic Behavior & Organization*, 2020(179): 279-298.

[164] Simons H C. Rules versus authorities in monetary policy. *Journal of Political Economy*, 1936, 44(1): 1-30.

[165] Sims E, Wu J C. Evaluating central banks' tool kit: Past, present, and future. *Journal of Monetary Economics*, 2021(118): 135-160.

[166] Smets F, Wouters R. Shocks and frictions in US business cycles: A Bayesian DSGE approach. *American Economic Review*, 2007, 97(3): 586-606.

[167] Steelman A. The Federal Reserve's "Dual Mandate": The Evolution of an Idea. Federal Reserve Bank of Richmond Economic Brief, 2011,11(12).

[168] Sun R. What measures Chinese monetary policy?. *Journal of International Money and Finance*, 2015(59): 263-286.

[169] Svensson L E O. What is wrong with Taylor rules? Using judgment in monetary policy through targeting rules. *Journal of Economic Literature*, 2003, 41(2): 426-477.

[170] Svensson L E O. Inflation forecast targeting: Implementing and monitoring inflation targets. *European Economic Review*, 1997, 41(6): 1111-1146.

[171] Taylor J B. A historical analysis of monetary policy rules. In Taylor J B (eds.), *Monetary Policy Rules*. Chicago: University of Chicago Press, 1999: 319-348.

[172] Taylor J B. Discretion versus policy rules in practice. Carnegie-Rochester Conference Series on Public Policy, North-Holland, 1993(39): 195-214.

[173] Taylor J B. Housing and monetary policy. Discussion Papers 07-003, Stanford Institute for Economic Policy Research, 2007.

[174] Taylor J B. The role of the exchange rate in monetary-policy rules. *American Economic Review*, 2001, 91(2): 263-267.

[175] Tenreyro S, Thwaites G. Pushing on a string: US monetary policy is less powerful in recessions. *American Economic Journal: Macroeconomics*, 2016, 8(4): 43-74.

[176] Tobin J. A general equilibrium approach to monetary theory. *Journal of Money, Credit and Banking*, 1969, 1(1): 15-29.

[177] Walsh J P. Reconsidering the Role of Food Prices in Inflation. IMF Working Papers, No. 1171, 2011.

[178] Wang R, Hou J, He X. Real estate price and heterogeneous investment behavior in China. *Economic Modelling*, 2017(60): 271-280.

[179] Williams J. Simple rules for monetary policy. *Economic Review*, 2003, 36(1): 1-12.

[180] Willis P B. The Federal funds market, its origin and development. Federal Reserve Bank of Boston, 1970.

[181] Woodford M. Optimal monetary policy inertia. The Manchester School, 1999, 67(s1): 1-35.

[182] Woodford M. Pitfalls of forward-looking monetary policy. *American Economic Review*, 2000, 90(2): 100-104.

[183] Woodford M. The Taylor rule and optimal monetary policy. *American Economic Review*, 2001, 91(2): 232-237.

[184] Woodford M. Monetary policy in the information economy. In: *Economic Policy for the Information Economy*. Federal Reserve Bank of Kansas City, 2001, 297-370.

[185] Woodford M. *Interest and Prices: Foundations of a Theory of Monetary Policy*. Princeton: Princeton University Press, 2003.

[186] Xiong W. Measuring the monetary policy stance of the People's Bank of China: An ordered probit analysis. *China Economic Review*, 2012, 23(3): 512-533.

[187] Zhang W. China's monetary policy: Quantity versus price rules. *Journal of Macroeconomics*, 2009, 31(3): 473-484.

图书在版编目（CIP）数据

现代货币政策调控体系建设 / 张成思著 . -- 北京：中国人民大学出版社，2023.5
（中国现代财税金融体制建设丛书）
ISBN 978-7-300-31618-5

Ⅰ.①现… Ⅱ.①张… Ⅲ.①货币政策—研究—中国 Ⅳ.① F822.0

中国国家版本馆 CIP 数据核字（2023）第 064354 号

中国现代财税金融体制建设丛书
现代货币政策调控体系建设
张成思　著
Xiandai Huobi Zhengce Tiaokong Tixi Jianshe

出版发行	中国人民大学出版社			
社　　址	北京中关村大街31号	邮政编码	100080	
电　　话	010-62511242（总编室）	010-62511770（质管部）		
	010-82501766（邮购部）	010-62514148（门市部）		
	010-62515195（发行公司）	010-62515275（盗版举报）		
网　　址	http://www.crup.com.cn			
经　　销	新华书店			
印　　刷	涿州市星河印刷有限公司			
开　　本	720 mm×1000 mm　1/16	版　次	2023年5月第1版	
印　　张	14.5 插页1	印　次	2023年5月第1次印刷	
字　　数	179 000	定　价	68.00元	

版权所有　　侵权必究　　印装差错　　负责调换